Norgard Kohlhagen
Siegfried Sunnus

Eine Liebe in Weimar

Caroline Flachsland
und
Johann Gottfried Herder

Quell

ISBN 3-7918-1981-X

© Quell Verlag, Stuttgart 1993
Printed in Germany · Alle Rechte vorbehalten
1. Auflage 1993
2. Auflage 1994
Umschlaggestaltung: Klaus Dempel
Umschlagfoto: Georg Friedrich Kersting, »Paar am Fenster«
© Archiv für Kunst und Geschichte, Berlin
Vorsatz: Weimar, Aquarellierter Stich von Christian Müller
nach Georg Melchior Kraus. Um 1805
Gesamtherstellung: Maisch & Queck, Gerlingen

Inhalt

Herder erpredigt sich eine Frau

Dieser frühe Morgen im August:
Caroline fröstelt, obwohl sich jetzt schon ein heißer Sommertag ankündigt. Doch das spürt Caroline nicht; sie ist eingesponnen in Gedanken und Gefühle, die sie nicht deuten kann.
Was geschieht da in ihr?
Sie, die Zwanzigjährige, sitzt in der Darmstädter Schloßkirche, besucht mit Schwester Friederike und Schwager Andreas Peter den Sonntagsgottesdienst, und eigentlich könnte alles sein wie immer. Die Predigt. Der Gesang. Und die Gewißheit, daß nachher – beim sonntäglichen Mittagsmahl – der Schwager ihr wieder schöne Augen machen wird, während er seine Frau Friederike kalt und abschätzig behandelt. Caroline kennt das; kennt es, weil sie mit 16 Jahren Vollwaise geworden ist und froh sein kann, daß sie im Haus ihrer älteren Schwester, beim Geheimrat Hesse, Unterschlupf gefunden hat.
Beneidet sie die Schwester?
Nein, sie findet diese Art von Ehe unerträglich.
Aber wie sollte es anders gehen?
Eine Frau gehört nie sich selbst. Die zwanzigjährige Caroline Flachsland weiß das. Heimlich, ganz heimlich wünscht sie sich, es möge noch eine andere Art von Zusammenleben zwischen Mann und Frau ge-

7

Marie Caroline Herder
Ölgemälde v. unbekannt nach J. I. Stecker, 1775

ben. Der Mann, der am heutigen Sonntagmorgen –
wir schreiben den 19. August 1770 – in der Darmstädter Schloßkirche predigt, er könnte einer mit ganz anderen Gedanken und Vorstellungen sein.
Oder?
Caroline überläßt sich ganz seiner Stimme, schließt
die Augen und hat dennoch das Gefühl, der dunkle
Blick des Predigers ruhe auf ihr.

Herder heißt er, Johann Gottfried Herder. In wenigen Tagen wird er 26 Jahre alt. Als Begleiter des 17jährigen Erbprinzen von Holstein-Gottorp ist er von Eutin über Göttingen und Kassel in Darmstadt eingetroffen. Dort soll der Prinz seine Verwandten am Hof besuchen. Dann wird die Reise weiter nach Straßburg gehen.

Caroline, das Mädchen dort unten in der Kirchenbank, weiß das. Ihr Schwager Hesse ist mit dem Kriegszahlmeister Johann Heinrich Merck befreundet, und beide stehen im höfischen Umgang mit der Gouvernante der Darmstädter Prinzessinnen, Fräulein Ravenel. So ist der Kontakt zu Herder und seiner Reisegesellschaft zustandegekommen.

Unruhige Träume hat Caroline, seit der Fremde in der Stadt ist. Er, der Theologe, Lehrer und Literat, ist bereits berühmt. Man schwärmt von seinen Predigten. Er fasziniert, wenn er aus Klopstock, Kleist und den Minnesängern vorliest und so seinen literarischen Ruf unter Beweis stellt.

Sie, die Waise im Haus der älteren Schwester, hat keine glänzende Zukunft zu erwarten. Zum einen ist sie arm. Zum anderen – und das wiegt vielleicht noch schwerer – ist sie »nur eine Frau«, eine Frau ihrer Zeit. Ausgeschlossen von allen Ämtern und Privilegien, die einem Mann offenstehen! Eine arme Frau zu sein, das heißt: »falsch« geboren zu sein.

Welche Vorbilder könnte sie sich denn suchen?

Etwa Ernestine, die älteste Schwester?

Jeder weiß, daß sie die Mätresse des Landgrafen von Hessen-Darmstadt geworden ist!

Es ist wohl wahr: Nach dem Tod des Vaters – Caroline war fünf Jahre alt – hat die restliche Familie

Flachsland von den Unterstützungen des Landgrafen für seine Mätresse gelebt...

Nach dem Tod der Mutter hat Friederike, die zweitälteste Schwester, Caroline bei sich aufgenommen. Sie muß ihr dankbar dafür sein, auch wenn sie es immer weniger erträgt, wie lieblos und nüchtern die Eheleute Hesse nebeneinander herleben.

Was bleibt Caroline nun als eigenes Lebensmuster?

Sie wird als unverheiratete Tante im Hause Hesse alt werden.

Noch verdrängt sie solche Gedanken, träumt davon, den Weg ins Freie zu finden. Leben könnte sein: Wünsche zu haben und sie sich zu erfüllen. Sich nicht abspeisen zu lassen mit der Rolle der Mätresse oder der Entsagenden.

Und wenn sie selbst den ersten Schritt dazu tun würde, etwas in ihrem Leben zu ändern? Paßt das zu weiblicher Moral und Tugend? Ist sie dann noch sittlich, wie es sich für eine Frau ihrer Zeit gehört? Wird man sie Närrin schelten oder gar verachten?

Wirre Gedanken hat Caroline, seit Herder in der Stadt ist. Seine Stimme, seine Blicke machen sie eigentümlich sehnsüchtig. Wenn sie da an die ständige Schulmeisterei ihres Schwagers denkt...

Dieser Herder komme ihr vor wie ein Priester und König in einer Person, hat sie ihrer Schwester Friederike anvertraut. Und nun, während er predigt, hat sie das Gefühl, ihre Seele schwebe hoch über den Sternen. Ja, so fühlt sie sich, und vielleicht wird sie ihm das sagen. Nachher, im Anschluß an den Gottesdienst, wird sie den Mut finden, ihn anzusprechen, diesen Mann, in dessen Gesicht sie Güte und Ernst, Ruhe und Lebhaftigkeit zugleich findet.

O sagen Sie mir's doch, Ewiggeliebtester! wie ich
Ihnen so ganz nach Ihrem Herzen gefallen, und
ewig gefallen kann! Es wird ein göttliches Geschäft
für mich sein, mich nach Ihrer so liebenswürdigen,
schönen Seele, zu bilden. O wie segne ich den Tag
da wir uns gekannt und geliebt haben, wissen Sie
es noch? Nach der Predigt im Tannenwalde! Ich
weinte wie ein Kind als ich nach Hause kam, aus
Kummer niemals von Ihnen geliebt zu werden,
wie ich Ihnen Redlichster, da liebte, und so – ich
muß es nur sagen, brachte ich die Nacht und jede
Nacht fast schlaflos und mit Weinen zu, jeder Tag
war mir dunkel, und dunkel bis zur letzten Minute
fast, aber diese letzte Minute war Wonne! unver-
geßliche Wonne! ach! wann werde ich wieder an
Ihrer redlichen Brust weinen? ...

Das wird Caroline später über diesen denkwürdigen
Tag an Herder schreiben.

Es ist mir alles neu...
Ich bin froh, ich bin glücklich, daß unsere Herzen
sich kennen...
Ihr Geist ist bei mir...
Schreiben Sie mir oft, süßer, feuriger Freund!

Eine Woche später wird sie diese Sätze an Herder
schreiben, nachts um elf Uhr, und am nächsten Morgen hinzufügen:

O, wie kostbar sind mir jede Augenblicke, wir
gehn in den Wald, wann uns jemand stören will...
Die ganze Nacht war das feurige Bild meines sü-

ßen Freundes bei mir, immer war es bei mir, und ewig wird's bei mir bleiben, wie tief und mit welchen Zügen ist es in mein Herz gegraben.

»Es ist mir alles neu...« Sätze einer jungen Frau, die zum erstenmal in ihrem Leben liebt.
Ja, sie hat es gewagt, hat nach der Predigt Herder angesprochen. Im größeren Kreis ist sie in der Fasanerie dabeigewesen, dem Wildpark im Osten von Darmstadt, als Herder nach dem Gottesdienst eine Ode von Klopstock gesprochen hat. Auch seinen Geburtstag, im Schloß gefeiert, hat sie miterlebt, hat vor Erregung gezittert, als er ihr in einem unbeobachteten Augenblick am Schreibpult einen Brief zugesteckt hat. Ein Brief, in fliegender Hast geschrieben:

Ihr Bild steht mir da Tag und Nacht vor Augen; ich sehe Sie in allen Äußerungen Ihrer schönen Seele und in allen Situationen, wo Sie mein Herz gerührt. Dies Bild, dieser geliebte Schatten wird mich auch in meiner Entfernung nicht verlassen, nur wenn der meinige eben so um Sie schwebte.

Um »Freundschaftsbriefe« bittet er sie. Sie solle ja nicht glauben, er habe in Darmstadt ein »armes, naives, unschuldiges Mädchen mit Schmeicheleien und Galanterie« täuschen wollen, um dann, nach einer »so schönen Heldentat in die Welt fortzugehen«.
Wie oft wird sie beim Schreiben ihres Antwortbriefes seine Zeilen gelesen haben?
Sie schreibt noch am Abend und in den Morgenstunden seines letzten Tages in Darmstadt ihren Antwortbrief:

Pour Monsieur Herder. Darmstadt den 25. und 26. August 1770. Nachts um 11 Uhr.

Nein! ich will nicht länger mein Herz dem redlichsten besten Freund verhehlen, eben so stark, und wenn es möglich ist noch stärker, liebe ich Sie, wie Sie mich lieben, wie freue ich mich, daß Sie mein ehrliches gutes Herz kennen, o wie ganz in einer Minute haben sich unsere Seelen gekannt, was ich an dem glücklichen Sonntag empfunden, und von Tage zu Tage mehr empfunden, kann ich nicht sagen, es ist mir alles neu, dies, dies ist allein die wahre himmlische Freundschaft; vergessen Sie mein wunderliches Mißtrauen? guter liebenswürdiger Freund, es muß Ihr rechtschaffnes Herz beleidigt haben, aber denken Sie auch, wie viel sich ein armes Kind zutrauen darf, das seine Schwäche so gut kennt...

Ich bin froh, ich bin glücklich, daß unsre Herzen sich kennen. Könnten Sie doch diesen Augenblick bei mir sein und das gerührte Herz, das nur für Sie gemacht ist sehen, ganz, ganz haben Sie meine Erwartung übertroffen; darf ich jemals an eine ewige himmlische Freundschaft und Zärtlichkeit unter uns gedenken, ist das nicht zu viel für ein armes Kind, o ich darf diese göttliche Szene nicht denken, werden Sie dann mein Schutzengel sein? Allerliebster, Sie haben es mir den vermeinten fürchterlichen Abschiedsabend versprochen...

Schreiben Sie mir oft süßer, feuriger Freund, so oft Sie an Herrn Merck schreiben, daß ich nur Ihre Abwesenheit ertragen kann, ich werde niemand Ihre Briefe zeigen. – Eben fällt mir Klopstock und seine Meta ein, glauben Sie, daß ich wie eine Meta Sie liebe? Freilich fehlt mir zu einer Klopstockin noch viel, aber hierin nichts mehr. O göttliche, sympathische Freundschaft, wie glücklich machst du! ... Wenn nur der morgende Tag bald vorüber geht! O schrecklicher Tag der mir meinen Freund wieder nimmt, und vielleicht auf ewig, Gott! Du mußt mich stark machen. Und sehen wir uns hier nicht mehr, so sehen wir einander gewiß im Himmel und dann –

dann trennt kein Schicksal mehr die Seelen, die du Natur einander bestimmtest.

Ich muß aufhören, ich zerfließe in Tränen, ewig bin ich Ihre treueste Flachsland

Guten Morgen bester Herder. Sie kommen doch heute, ja Sie kommen und lesen im Klopstock; wann nur der heutige Tag ganz unser wäre! O wie kostbar sind mir jede Augenblicke, wir gehn in den Wald, wenn uns jemand stören will. Die ganze Nacht war das feurige Bild meines süßen Freundes bei mir, immer war es bei mir, und ewig wird's bei mir bleiben, wie tief und mit welchen Zügen ist es in mein Herz gegraben! niemand wird's mir nehmen können. Kommen Sie empfindsame Seele, noch heute, heute – ach leben Sie ewig wohl!

Ein offenherziger Brief – Caroline vergleicht sich mit Klopstocks Meta und hofft, wenn schon nicht hier, dann aufs himmlische Wiedersehen mit ihrem »süßen, feurigen Freund« und zitiert zwei Zeilen aus Klopstocks Ode »An Fanny«... Welche Anspielung! Klopstocks geliebte Meta, geborene Moller: Er lernte sie 1751 in Hamburg kennen, wechselte mit ihr in der Verlobungszeit viele Briefe aus Kopenhagen, heira-

tete sie 1754 – aber sie starb 1758 bei der Geburt ihres
ersten Kindes. Dieses kurze Glück und schwere Ende
erschüttert auch Carolines Generation und bewegt
die Phantasie...

Was in den Sommertagen 1770 in Darmstadt beginnt
– ist es mehr als eine Romanze zwischen zwei gefühl-
vollen jungen Menschen?
Briefe werden sie einander schreiben; das haben sie
sich versprochen. Kann das genug sein, wenn ein
Mann aufbricht in die Welt und die Frau, eingesperrt
in die häusliche Enge, zurückbleibt? Immer nur
Briefe und monatelang kein Wiedersehen? Noch kennen die beiden sich ja kaum, Caroline und ihr Herder.
Aus der Ferne kann er sie verehren, bewundern und
ihr schmeicheln. Aber ist das ihr Ziel?
Als Kind hat sie immer mit Knaben gespielt. Auch rei-
ten durfte sie, bis sie 14 Jahre alt war. In ihren Träumen ist sie oft noch dieses Kind, das sie einmal war,
das von der Mutter liebevoll »Lina« gerufen wurde:
ein Mädchen, das manches »Bubenstück« wagte.
Nun aber darf sie nicht mehr frei über sich entscheiden. Selbst die Briefe, die sie mit Herder wechselt,
muß sie geheimhalten. Merck wird sie zur Post bringen, und er wird auch der offizielle Empfänger sein.
Geheimrat Hesse, der Schwager, darf nichts davon
wissen.
Vielleicht irgendwann einmal die Schwester Friederike und die Freundinnen?
In Darmstadt gehört Caroline zum Kreis der »Empfindsamen«. Mehr Frauen als Männer sind dabei. Carolines engste Vertraute sind zwei Hofdamen, Hen-

riette von Roussillon und Luise Henriette Friederike von Ziegler. Die jungen Frauen haben sich Phantasienamen zugelegt. »Urania« und »Lila« heißen die beiden Adligen. »Psyche« nennt sich Caroline. Lila führt an einer rosa Leine ein kleines Lamm mit sich herum, das mit ihr ißt und trinkt. Sie geht mit ihm durch den Herrengarten bis zum »Eremitenhäuschen«, dem Grabhügel, in dessen Gewölbe sich die Landgräfin lange vor ihrem Tod ihr Grab bereitet hat. Nie kann Caroline diesen Weg mit der Freundin ohne schlechtes Gewissen gehen, wie auch? Weiß sie doch, daß der Landgraf ihre älteste Schwester zur Mätresse hat. Ein Sofa steht im »Eremitenhäuschen«, trübes Licht dringt von außen herein. Mitunter sitzen die jungen Frauen dort, lesen einander Briefe vor. Seufzen, weinen, umarmen sich.

Überschwenglich?

Nein, es ist *ihr* Weltgefühl.

Wen wird es da noch wundern, daß Caroline daheim beim Schwager Hesse so oft kränkelt, immer wieder Schmerzen in den Ohren hat und lange ruhen muß – sie erträgt seine Art von »Männlichkeit« nicht. Er nähert sich ihr plump. Herablassend und schulmeisterlich ist er zu ihrer Schwester und den Kindern. Nein, Schwager Hesse darf nicht erfahren, daß Caroline Flachsland in einen Briefwechsel mit Johann Gottfried Herder treten wird.

Caroline wird sich – zumindest vorerst – allem gegenüber taub stellen, was ihr in der Familie des Geheimrats Hesse zu Ohren kommen wird. Sie wird sich zurückziehen und auf Briefe warten, die ihr »süßer feuriger Freund« schickt. Und sie wird darauf antworten und dabei einen eigenen Ton anschlagen.

Zwischen Caroline Flachsland und Johann Gottfried Herder entwickelt sich brieflich ein »Roman«, der für heutige Liebespaare unvorstellbar ist. Er schreibt ihr 115 Briefe, die erhalten geblieben sind; von ihr gibt es noch 83 Briefe. Es sind lange Briefe – geschrieben in 32 Monaten, die sie voneinander getrennt sind. Ohne persönliche Begegnungen prüfen sie in ihrem Briefwechsel, ob und wie sie zueinander passen. Gespräche, Gesten, Eindrücke, Streit, Kritik. All das müssen die Briefe ersetzen. Mit ihrem Briefwechsel begeben sie sich auf eine abenteuerliche Gratwanderung zwischen Sehnsucht und Verzögerung der direkten Begegnung. Der »Briefroman« als Stilmittel damaliger Literatur ist beiden vertraut. Doch an eine Veröffentlichung denken sie nicht – beide aber wissen, daß empfangene Briefe im Kreis der Freundinnen und Freunde vorgelesen werden. Unter Tränen, oft unter Tränen.

Wirren um eine Komödie

Caroline aber zeigt sich gleich zu Beginn ihres »Brief-romans« von einer ganz ungewöhnlichen Seite: Sie schickt Johann Gottfried nach Straßburg einen Absa-gebrief. Erhalten geblieben ist er nicht. Doch was Jo-hann Gottfried Herder aus ihrem Brief zitiert, läßt eine Rekonstruktion ihres Briefes in Bruchstücken zu. Caroline ist verletzt. Sie wehrt sich gegen Her-ders besserwisserische Art. Sie traut seinen Absichten nicht und zweifelt gar an seinem Charakter. Woher nimmt sie den Mut?

Dieser Briefwechsel zwischen Caroline Flachsland und Johann Gottfried Herder ganz zu Beginn ihrer Be-kanntschaft ist ein aufregendes Dokument. Eine Frau entzieht sich der Herrschaft des Mannes – und bindet ihn gleichzeitig um so stärker an sich. Noch einmal die Frage: Woher nimmt sie den Mut, so anders zu handeln als ihre Zeitgenossinnen – weiß sie doch, daß eine Frau kokett zu sein hat, anschmiegsam und geleh-rig, damit ihr Verehrer sich nicht zurückzieht?

Aber lassen wir Caroline und Johann Gottfried spre-chen, rollen wir die ganze Geschichte auf, die zu ih-rem ersten Streit führt.

Der rekonstruierte Absagebrief Carolines:

Ich habe mich nicht vergebens auf Ihre Verweise wegen Minna gefaßt gemacht!...

Böser garstiger Herder! Ich gestehe gern, daß ich die Comödie nicht recht gelesen! Künftig will ich mich an alles Delikate und Undelikate gewöhnen, es mag vorkommen, wo es will! Ich will das Vorurteil gegen die Comödien überwinden, wenn ich kann: und dann Dank Ihrem Verweise, ich will Alles was vorkommt, recht gern ertragen und wenn es das wunderlichste Gemisch wäre!...

Sie drohen meinem Klopstock erschrecklich – nicht wahr, daß Sie gewinnen und ich verlieren soll? Aber kommen Sie nur: er ist gar zu sehr mein Mann, und was kann ich dafür, daß mich die Natur so tragisch gestimmt hat?...

Ihre öftere Anfragen ›Haben Sie das gelesen?‹ gefallen mir nicht...

Ich wünsche, daß es Ihnen wohlgehe und daß Sie nicht so sehr von Ihrem unruhigen Schicksal hin- und hergeweht werden würden...

Ich nehme Ihre Bitte übel, Ihre Briefe zu verbrennen...

Daß Ihnen aber der Briefwechsel nicht wieder gereuen soll: so schreiben Sie von jetzt an keinen Brief mehr an mich...

Ich habe mich getäuscht! ich soll mich nicht länger hintergehen! es schaudert mir vor einem langjährigen Briefwechsel: aller Zwang sei zu Ende!...

Auch Ihnen schaudre es vor dem Briefwechsel ein wenig: Sie sehen eben so wohl als ich, die Unmöglichkeit ein, uns jemals wieder zu sehen! Aller Zwang sei zu Ende!...

Um meiner Ruhe willen sollen Sie mir nicht mehr

schreiben! Um meiner Ruhe willen, sollen Sie mich vergessen!...

Dies ist der letzte Brief, den ich an Sie schreibe...

Caroline beginnt ihren Brief eher locker, ironisch, witzig; dann wird sie ernster und zeigt im Schlußteil ihre offenkundige Verletzung.

Wie gelingt es Johann Gottfried, von ihr einen Versöhnungsbrief zu erhalten?

Indem er sie ernst nimmt. Er antwortet ihr weder locker noch ironisch oder gar witzig, sondern er ringt um Caroline. Er ist ganz auf den Ton der Verletzung gestimmt – und gibt Erläuterungen und will Erklärungen. Er erinnert sie an vergangene Äußerungen und bekräftigt seine ernsthaften Absichten. Er nimmt zurück, wo er vorschnell geurteilt haben sollte und versichert ihr direkt durch die Art seiner Antwort, welche Bedeutung sie für ihn hat. Obwohl Caroline keinen Brief mehr von ihm will, schreibt er ihr einen langen Brief, auf drei Tage verteilt – und Caroline wird ihn lesen: Sie kann zufrieden sein!

Sie hat den Konflikt gesucht und gewonnen. Ihre Beziehung gewinnt eine neue Qualität. Sie wehrt sich gegen Herders »Oberlehrer«-Art, sie widerspricht ihm in literarischen Einschätzungen und stimmt mit seiner Bewertung der gelehrten Frau genausowenig überein wie mit seinen Rollenzuweisungen von Mann und Frau; sie artikuliert ihre Ungewißheit über die Ernsthaftigkeit seiner Absichten und darüber, was sie von seinem Charakter halten soll.

Bei ihrer Auseinandersetzung geht es um Lessings Komödie »Minna von Barnhelm oder das Soldatenglück« von 1767. Ausgerechnet eine Liebesgeschichte um den verabschiedeten, kriegsverletzten und arm gewordenen preußischen Major von Tellheim, der um seine sächsische Verlobte Minna nicht mehr zu werben dürfen glaubt, stellt ihre Liebe auf die Probe!

Herder verteidigt die verschiedenen Charaktere in Lessings Komödie, besonders den Tellheims:

Nun sagen Sie mir einmal, kleine eigensinnige Tadlerin! wie hat Ihnen der Charakter von Tellheim nicht gefallen können! Dieser Mann denkt so edel, so stark, so gut und zugleich so empfindsam, so Menschlich, gegen Alles, wie es sein muß, gegen Minna und Jost, gegen Werner und die Oberstin, gegen den Pudel und gegen den Wirt, daß er, außer dem kleinen Soldatenlichte, das ich ihm lasse, ganz mein Mann ist! Freilich ist er gegen die Minna kein Petrarca, gegen den Wirt kein Herrnhuter, gegen Josten kein Lammskerl, und gegen Werner kein weicher Narr; aber er ist überall Major, der edelste, stärkste Charakter, der immer mit einer gewißen Würde und Härte handelt, ohne die keine Mannsperson sein sollte.

In allem, was er sagt, würde ich kein Wort ändern, selbst bis auf die Stelle, wo er mit dem bittern ruhigen Lachen den härtesten Fluch gegen die Vorsehung redet – denn ach! auch dazu gehört, wenn man in die Situation kommt, Stärke und Mannheit, die freilich unsre gemeine Christliche, feige, heuchlerische Seelen nicht haben. Die Pistolen hangen nicht vergebens hinter seinem Bett, und auch selbst den Zug verzeihe ich ihm: er ist überall der brave Tellheim.

Was Herder über Major Tellheim schreibt, läßt deutlich seine eigenen Vorstellungen von dem erkennen, wie seiner Meinung nach ein Mann zu sein hat: Er muß einen edlen, starken Charakter haben, eben ganz wie Herder selbst!

Einen zweiten Streitpunkt stellt Carolines Einschätzung der Rollen aus dem Volk dar: Dazu schreibt Herder:

> »Daß Kammermädchen, Soldat, und Wirt sich in die delikate Situation der Liebe mit einmischen, gefällt mir durchaus nicht!« Das konnte meine so billig denkende, Menschenfreundliche Caroline schreiben? Soll Soldat und Kammermädchen nicht lieben? und Jedes auf seine Art lieben, so delikat und undelikat das ihre Seele gemacht ist?... Will meine kleine billige Menschenfreundin denn nicht, daß jeder nach seiner Art sei und glücklich sei?

In einem folgenden Brief lenkt Herder ein:

> Wir plauderten über Menschliche Charaktere, über die ich sehr gern plaudre, weil ich aus meinem ganzen Leben Nichts habe, als daß ich Menschen kennen gelernt. Davon, dachte ich, wird meine liebe, angebetete Freundin auch gerne plaudern: so wird unser Briefwechsel eine Unterredung werden; Sie wird von mir, oder ich wenigstens von Ihr lernen – aber mein Gott! was vermutete ich den Ton, in dem dies Alles aufgenommen werden sollte? Behalten Sie Alles, gütige, wahrhaftigliebe Freundin, was Sie gesagt; ich nehme Alles zurück, was ich gesagt – nur ach! habe ich um der

Sache willen die Sprache verdient? ›böser garstiger Herder!...‹ – aber Gott! das Alles um einer Komödie willen – ach! es ist hart, es ist hart!

Aus Scherz wird Ernst – so mag Johann Gottfried gedacht haben: Die harmlose, von ihm so geschliffen geführte Plauderei, wie er's jetzt darstellt, hat sich durch ihre Reaktion in ein Trauerspiel verwandelt! Es mutet merkwürdig an, daß er »alles zurücknehmen« will: Seine Ansichten über die »demokratische« Liebe wirken doch sympathischer als Carolines Standesdenken, gespeist aus dem höfischen Kreis der Darmstädter Empfindsamen!

Aber Herder antwortet weniger auf der Sachebene des Literaturkritikers als vielmehr aus dem richtigen Empfinden, daß er etwas falsch gemacht hat. Er will wieder zur einstigen Harmonie zurückfinden und verläßt seine richtende, überhebliche Position.

Mehr will Caroline wohl gar nicht wissen. Wer so antwortet, mit dem kann sie sich an ein gemeinsames Leben trauen – auch wenn's noch lange dauern mag.

Caroline haben weiterhin die Anfragen Herders – »Haben Sie das gelesen?« – mißfallen. Warum ärgert sie sich über seine Nachfragen?

Hat Caroline in den Anfragen nicht so sehr ein »Herz« gespürt als vielmehr den Hinweis auf ihre mangelnde Bildung?

Damit hat er sie tief getroffen. Denn sie sucht, anders als die Schwestern, eine auf geistigem Einklang beruhende Liebe. Gewiß will sie von Herder lernen, aber doch nicht so!

Eher so, wie er zuvor geschrieben hat:

Sie können nicht lesen, sagen Sie; ich auch nicht. Um aber lesen zu können, nehme ich Sachen, die meine Seele auf die beziehen kann, von der sie ganz erfüllt ist.

Deshalb wird Caroline am tiefsten Johann Gottfrieds liebloses Urteil über »das gelehrte Frauenzimmer« enttäuscht haben.

Er hat eine solche gelehrte Frau im Markgräflichen Schloß in Karlsruhe getroffen, dem nächsten Ziel der Reisegruppe nach der Abreise aus Darmstadt Ende August 1770. Herder berichtet Caroline, wie er sich mit dem Markgrafen über die

Einrichtung und Freiheit des Menschlichen Geschlechts... so frei ausdrücke, als ob ich mit keinem Fürsten spräche. Die Markgräfin hat mir bei der ersten Vorstellung frappante Complimente gemacht..., das Gespräch an mich gerichtet, usw. Weil ich aber durchaus mit ihrer Gelehrsamkeit keine Sympathie fühle, und also natürlicher Weise, statt ihr lautprasselnden Weihrauch zu streuen, immer, wie ganz aus einer andern Welt rede, so hat das Widersprüche und bei einer Dame, wie sie, eine gewiße Kälte geben müssen, die mir recht lieb ist, und die ihr wenigstens zeigen kann, daß die ganze Welt nicht schmeicheln wolle, wie so viele Französische und Deutsche Narren um sie. Ueberhaupt, da ich vor keiner Creatur in der Welt mehr Abscheu habe, als vor einem gelehrten Frauenzimmer, und wäre sie der erhabenste Geist, so werden wir uns wohl nie recht begegnen: so sehr ich's gestehe, daß sie ausnehmende Kenntnisse, Talente,

Fähigkeiten, Geschäftigkeit, und rechte Studien habe.

Caroline ergreift Partei für die Markgräfin – und bringt sich selbst ins Spiel:

Ich freue mich mit Ihnen über den Fund eines guten Fürsten, verdient das nicht in Carlsruhe gewesen zu sein? Aber, die gelehrte Markgräfin (Gott sei bei uns) hat Ihr hartes Herz nicht rühren können; die dauert mich herzlich! wie viel Gutes könnte eine empfindsame, gutherzige Fürstin in ihrem Land nicht stiften! und wie viel Vergnügen versagt sie sich durch ihre bloße Gelehrsamkeit! Mich hat der Himmel in Gnaden davor bewahrt, aber ein wenig zuviel bewahrt; o adieu Gelehrsamkeit! sehen Sie nicht wie geschwind ich davon laufe, wann ich nur von ihr höre, ich muß würklich von der Natur verwahrloset sein; ist diesem Übel nicht mehr abzuhelfen? vielleicht! doch genug.

Wie subtil Caroline die Markgräfin unterstützt, den Kritikpunkt der Gelehrsamkeit zu ihrem eigenen Defizit erklärt und ihre »Bildungsanfrage« vom vorangegangenen Brief verstärkt! – Wie wird ihr Geliebter reagieren?
Nun – überaus deutlich:

Sie haben Recht, daß ich auf das gelehrte Frauenzimmer vielleicht zu sehr erbittert bin; aber ich kann nicht dafür: es ist Abscheu der Natur. Eigentliche Gelehrsamkeit ist dem Charakter eines Menschen, eines Mannes schon so unnatürlich, daß wir ihn nur aus Not uns unterziehen müssen, und dabei doch schon immer verlieren: in dem Leben, in der Seele, in dem Munde eines Frauenzimmers aber, die noch die Einzigen wahren Menschlichen Geschöpfe, auf dem Politischen und Exercierplatz unsrer Welt sind, ist diese Unnatur so tausendmal fühlbarer, daß ich immer sehr fürs Arabische Sprüchwort bin ›eine Henne, die da krähet, und ein Weib, das gelehrt ist, sind üble Vorboten: man schneide beiden den Hals ab!‹ Aber will ich damit, böse Auslegerin meiner Worte! sagen, daß ein Frauenzimmer sich nicht auch durch die Lecture bilden, Geist und Herz verschönern müsse?... So wenig, daß ich glaube, daß Weibliche Geschlecht sei das einzige richtende Publikum über eine Reihe von Materien des Geschmacks und der Empfindung, und daß jede Mannsperson, die kein Pendant sein will, im Kreise der Frauenzimmer muß gelernt haben, gewisse Bücher zu lesen. Ich sage gewisse Bücher: denn alle Sachen, alle Materialien, alle Wissenschaften sind nie für die Weiber, und über viele können sie in ihrem Leben nicht anders als schiefe Urteile fällen...

Für sie bleibt nur das, was bildet, was die Seele menschlich aufklärt, die Empfindungen menschlich verfeinert, und sie zur Zierde der Schöpfung, zum Reiz der menschlichen Natur, zum höchsten Gut der Glückseligkeit eines fühlbaren würdigen Jünglings, zur immer neuen, immer angenehmen Gattin eines würdigen Mannes, zum Vergnügen einer guten Gesellschaft und zur Erzieherin guter Kinder macht! Wir Mannspersonen haben den andern Zweck, uns zu braven würdigen, edlen, geltenden Personen, Männern, Vätern zu bilden; und nur dem eigentlichen Gelehrten bleibt's übrig, sich nichts gleichgültig sein zu lassen, was Wissen, was Kenntnis ist – wer wird gern diese Last, diesen Höcker der menschlichen Natur unnötig mit ihm teilen wollen?... Ist der Unterschied nicht groß? wohl! ich will gleich Sie selbst darnach richten.

Nach dieser Zurechtweisung und Belehrung über die Rollenverteilung von Mann und Frau schließt sich seine Kritik an Carolines Urteil über Minna von Barnhelm an...!

Mag sein, daß Caroline ihr Bildungsziel noch nicht genau beschreiben kann – aber die Aussicht, »den Hals abgeschnitten« zu bekommen, schreckt doch sehr ab! Entscheidet denn die »Mannsperson«, wann die Grenze zwischen zulässiger Bildung und unzulässiger Gelehrsamkeit überschritten ist? So verwundert ihr Absagebrief nicht. Zwar schweigt sich Johann Gottfried über diese Zusammenhänge aus – aber ist das verwunderlich? Während Caroline in den literarischen Fragen Genugtuung erhält, bleibt die Anfrage nach ihrer Frauenrolle offen.

Caroline liest viele Liebesbeteuerungen von Johann Gottfried, aber es gibt auch Sätze, die von seiner Unruhe erzählen und seine Bindungsscheu ausdrücken. Ob Herder wirklich weiß, was er da schreibt, ist schwer zu entscheiden – auch für Caroline!

Verletzt kündigt sie ihm das bisherige Medium ihrer Kommunikation auf:

»Schreiben Sie nicht mehr!« Angesichts seiner Unruhe will sie ihre Ruhe wiedergewinnen, im Blick auf seine Unentschiedenheit bevorzugt sie Klarheit, auch wenn der Abschied vom erträumten gemeinsamen Leben schmerzen mag.

Schon der erste Brief Herders nach der Abreise von Darmstadt zeigt die eigentümliche Mischung von Liebesbeteuerungen und Absätzen, die Caroline skeptisch stimmen müssen:

Sprechen Sie mit Merck manchmal von mir: er kennt mich mehr, als Sie mich kennen, und wir haben oft von Ihnen gesprochen. Er liebt und schätzt Sie unendlich, und er wird die Freundschaft gegen mich doppelt erneuern, indem er Ihr Freund ist. Quälen Sie ihn, daß er Ihnen Minna von Barnhelm verschafft: wir haben davon gesprochen, nur Minna ist noch nicht überall mein Mädchen.

Was soll Caroline davon halten? Kann denn Caroline sein Mädchen sein? Johann Gottfried deutet das Verhältnis doch gar zu sehr in Richtung Freundschaft und verweist sie an Merck – will er nicht mehr von ihr?

Ich glaube, liebes Kind, Sie können aus meinen Briefen nicht klug werden; ich es selbst nicht. Das Gemälde unserer Freundschaft ist Schatten, ganz Schatten... den ersten Morgen, den ich in Carlsruhe zubringe, sitze ich da, um mit meiner Phantasie noch einmal die weiche, liebe Träne aus Ihrem Auge zu küßen, Ihren Kuß und Umarmung, wie das freudige Ungestüm eines Engels der Zärtlichkeit zu fühlen, und Sie so ganz, so innig, so ganz meine liebe, zarte, geschlanke muntere Griechin, mit Ihrem kleinen Busen, mit Ihrem unschuldigpo-

28

chenden Herzen, mit Ihren umschlingenden weißen Liebesarmen, Mund an Mund und Seele in
Seele, an meine redliche Brust zu drücken – – Ihnen tausend Dinge zu sagen, die ich Ihnen da nicht
sagen konnte, und ach! noch nicht sagen kann,
denn sehen Sie, alles ist doch um mich Schatten...
Vielleicht begegnen sich unsre Wünsche: vielleicht
sind Sie eben diesen Augenblick auf Ihrem Käm-
merchen auch mit Einem Gedanken an mich beschäftigt: sehen Sie, dann finden sich unsere Seelen, und wir sind in dem Augenblick mehr zusammen, als der große Haufen gemeiner Menschen,
wenn sie gegen einander sitzen und gähnen!

Und wie Caroline an ihn denkt! Das ist der Mann,
der sie versteht – und doch hält er sich so zurück und
überläßt sie sich selbst! In einem nicht erhaltenen Antwortbrief schreibt sie dann »vom Verlaßen«...
Herder reagiert prompt:

Erzeigen Sie mir die Einzige Schonung, daß ich
nicht mehr das bittre Wort ›vom Verlaßen‹ lesen
darf, das meine ganze Seele reißt – o wüßten Sie,
zärtliche, Einzige Freundin, wie ich von Ihnen
denke, welche süße, himmlische Scenen meine
Seele sich vormalet, in denen Sie mein Alles, mein
Glück und Leben sein würden: ... wüßten Sie, daß
ob ich gleich viele Frauenzimmer hochgeschätzt
und noch hochschätze, kein Mädchen auf der Welt
je den mindesten Eindruck von der Art auf mich
gemacht, als Ihre schöne Griechische Jugend, Ihre
süße, gefühlvolle, muntre Unschuld... O wie
wollt' ich gern die ganze Bahn meines Lebens so

gut ich gelebt haben mag, umändern, um nur für Sie gelebt zu haben!... O Caroline! wie werde ich aufwachen, wenn ich erst aus dieser faulenden, morschen Situation heraus bin; wenn ich näher und in geraderer Linie auf den Plan hinsehen und hinarbeiten kann, der das Glück meines Lebens sein wird. Zuerst will ich mir, wo möglich, mein Auge operieren lassen; ich will erst so gesund und ganz werden, als ich kann, ehe ich weiter fürs Äußere denke, und alsdenn in dieser Laufbahn, o Gott! was liegen da für süße Beschäftigungen! Ihnen beizuspringen. Sie ganz auf einen andern Fuß zu setzen, Ihnen Freude und Vergnügen zu verschaffen... Sehen Sie, mein Himmlisches Kind, meine Ausdrücke behalten noch immer die vorige bescheidne Unbestimmtheit und sie müßen sie behalten: und das um meiner eignen Ruhe willen.

Wenn es diesen letzten Satz nicht gäbe, könnten die beiden demnächst Hochzeit feiern... Doch der Hinweis auf die »eigne Ruhe« enthält Rückzugsmöglichkeiten, in ihm sind »Unbestimmtheiten« verborgen, die noch ans Licht kommen werden.

Herders Zukunftspläne

Ein Grund für die Unbestimmtheit Herders liegt gewiß in seiner unsicheren beruflichen Zukunft. Zwar hat er schon in Darmstadt die Berufung nach Bückeburg angenommen, aber es fehlt die Ernennungsurkunde, und aus der prinzlichen Reisegesellschaft hat er auch noch nicht den Absprung geschafft: die »faulende, morsche Situation« drückt ihn sehr.

In dem »Kündigungsschreiben« an den Geheimrat von Cappelmann (so heißt der Hofmarschall, der Herder nicht wohlgesonnen ist), nennt er auch ein Beispiel seiner Situation:

> wo ich wie heut zum Mittagsbrot ohne Tischtuch oder Bedienten, mir selbst unten das Salz erbetteln mußte. Eine nichtswürdige Null oder ein Gespött der Leute zu sein, habe ich weder Lust noch Bedürfnis. Und das ist ein Fall aus mehreren.

Nicht ganz ehrlich teilt er dann mit:

> um vor dem Publikum den Anschein eines Bruchs zu vermeiden, nehme ich das Primariat in der Grafschaft Schaumburg-Lippe an, dem ich sonst die Reise nach Italien vorgezogen hätte, selbst auf meine eigenen Kosten.

Hatte er nicht schon die Berufung nach Bückeburg angenommen?

Ganz steht er allerdings nicht dahinter – gibt es für
ihn aber wirklich andere Chancen? Acht Tage vor dieser Kündigung klingt es in einem Brief an Caroline
ganz so, als könnte er sich angesichts vieler Möglichkeiten nicht entscheiden:

> Ich bin noch nicht einen Schritt weiter gerückt, als
> ich war; vielmehr wird die Sache von allen Seiten
> schwieriger. Was soll ich machen? bleiben? gehen?
> nach Italien? nach Bückeburg? nach Riga? Ich weiß
> nicht, wissen Sie es, kleine Prophetin, so raten Sie
> mir.

Will er sich wirklich raten lassen? Realistisch ist doch
nur Bückeburg, wie sich zeigen wird; alles andere
sind Hoffnungen, Träume. Und Realität ist, daß die
Augenoperation ihn länger als geplant in Straßburg
festhalten wird.

In diesen Septembertagen erreicht ihn die nächste Prüfung.

Caroline teilt Herder die Zweifel ihres Schwagers
über seinen, Herders, Charakter mit. Hat der Ge-
heime Rat Hesse sie wirklich geäußert, oder legt Caroline sie ihm in den Mund – wer will's entscheiden?
Und was macht's – sind es doch auch ihre eigenen
Zweifel!

Auch wenn Johann Gottfried Herder viel Papier auf-
wenden wird, um die Skepsis des künftigen Schwagers zu beseitigen, besteht er diese Prüfung nicht. Er
legt nicht nur seine bisherige Lebensgeschichte offen,
um »Charakter« nachzuweisen, sondern verrät auch

ungewollt der aufmerksamen Leserin seine augenblickliche Stimmung.

Statt aller Antworten, meine Vortreffliche, Liebe, Beste! die ich Ihnen auf so manche Ihrer Unruhen, Fragen, Zweifel, und insonderheit auf das schöne Gemälde Ihres Schwagers von mir, machen könnte, sollte – aber nicht will: sehen Sie hier Scenen aus meinem Leben! Die Wahrheit schreibt sie: die Freundschaft wird sie lesen, glauben und verbrennen!

Da spricht ein gekränkter, stolzer Mann – und der Ton läßt nicht viel Freundlichkeit erwarten. In der Tat, Herder zeigt, wie er formulieren kann; mit Schärfe wird er die Zumutung parieren, Charakter nachweisen zu müssen. Hier sein »Charakterbrief«:

Ich bin in einer dunkeln, aber nicht dürftigen Mittelmäßigkeit geboren, und von Kindheit auf erinnre ich mich nichts, als Scenen entweder der Empfindsamkeit und Rührung; oder eines einsamen Gedankentraums, der meist von Plänen des Ehrgeizes belebt wurde, die man in einem Kinde nicht sucht. Ich hatte also, so verwöhnt und Mütterlich ich war, so entfernt von Gelehrsamkeit und Bildung ich sein mochte; ich hatte also von meiner Kindheit an Charakter; wahrhaftig Charakter und ich könnte Ihnen davon sonderbare Proben erzählen!
Aus tausend Vorurteilen wollten meine Eltern mich nicht zur Wissenschaft bestimmen: ein Heuchler, der mir auf meine ganze Lebenszeit die

Johann Gottfried Herder
Ölgemälde von Anton Graff

Heuchler zu den schwärzesten Leuten gemacht
hat, und der sich sehr in die Sachen meiner Familie
mischte, vermehrte diese Schwürigkeit ins Unend-
liche. Betäubt, unwissend, mußte ich blindlings
folgen: ging nach Königsberg, mit einem Russischen Oberfeldarzt, einem Freunde meiner Eltern,
um mein Auge kurieren zu lassen. Zum Glück

ward er schnell nach Petersburg gerufen, tat mir die lockendsten Anträge und ich – ging hin, und ließ mich immatriculieren. Unwissend, einfältig, unbekannt, wie ich war, ohne meiner Eltern Erlaubnis und wider den Willen dessen, dem ich anvertraut war; ja ohne Geld und Aussicht auch nur auf drei Wochen ging ich auf die Akademie. Und noch bis jetzt hat es mich nicht gereuet – raten Sie, ob ich Charakter habe?

Zugleich schrieb ich meinen Eltern ›daß ich in meinem ganzen Akademischen Leben keinen Schilling von dem Meinigen verlangte!‹ Und ich habe es auch nie verlangt. Ich habe studiert, und gelehrt, und geschwärmt, und mich bald auf der Akademie in Ansehen gesetzt, und diese Jahr zugebracht, daß ich sie mir wieder zurück wünsche – und das alles ohne meiner Eltern Kosten – raten Sie, ob ich Charakter habe, oder nicht?

Mein Vater starb: meine Mutter und Geschwister gerieten durch meine Schwäger in Verwirrung und Verlegenheit: ich ging, durch den leichtsinnigsten Zufall von der Welt, aus dem Lande, und hätte also mit Seiner Majestät dem Könige teilen müssen – von Allem kurz zu kommen, schrieb ich an meine Curatoren, daß ich mein Erbteil meiner Mutter schenkte. Und weil bald drauf meine älteste Schwester, zum Glück im zweiten Jahr einer unglücklichen Ehe starb, so bestimmte ichs gleich nach dem etwannigen Tode meiner Mutter an ihren nachgelassenen unmündigen Waisen.

In Liefland besaß ich in kurzer Zeit die ganze Liebe der Stadt (Riga), die Freundschaft dreier der würdigsten Leute, die ich kenne; die Hochachtung der originalsten Köpfe, die mir mit in meinem Leben aufgestoßen sind, und von denen, und ihrem wunderbaren Zutrauen ich Bücher schreiben könnte; auf der andern Seite den Haß der ganzen Geistlichkeit, ohne daß sie gegen mich einen Finger regen wollte oder konnte, und den scheelen Neid einiger kriechenden Geschöpfe. Bei alle dem habe ich in Liefland so frei, so ungebunden, gelebt, gelehrt, gehandelt – als ich vielleicht nie mehr im Stande sein werde, zu leben, zu lehren und zu handeln. Sollte dazu nicht Etwas Charakter gehören? zu allen den Situationen?

Geliebt von Stadt und Gemeinde, angebetet von meinen Freunden und einer Anzahl von Jünglingen, die mich für ihren Christus hielten! der Günstling des Gouvernements und der Ritterschaft, die mich weiß Gott! zu welchen Ab- und Aussichten bestimmten – ging ich dem ohngeachtet vom Gipfel dieses Beifalls, und aus den Armen einer unglücklichen Freundin, taub zu allen Vorschlägen einer kurzsichtigen Gutherzigkeit; unter Tränen und Aufwallungen aller, die mich kannten, ging ich weg, da mir mein Genius unwiderstehlich zurief ›Nutze deine Jahre und blicke in die Welt!‹ – Und noch hats mich keinen Augenblick gereuet!

Ich hatte in Riga Haus gehalten, daß jeder wußte, daß ich mehr ausgab, als meine zwei vereinigte gute Stellen betrugen, und nun wollte ich reisen. Jedermann wunderte sich und riet: jeder hat mißgeraten und sich falsch gewundert – ich bin durch Frankreich und Holland gereist, und hätte noch durch Deutschland, England und Italien reisen wollen: ich bin anständig und verschwenderisch gereiset, und bin noch nie in Verlegenheit gewesen. Nicht in Verlegenheit an Kosten und an Aussichten noch weniger.

In Paris bekam ich Briefe zur Reise mit dem Prinzen: ich nahm sie an und genoß die Gnade des Hofes mehr, als es billig war; ohne aber je auf eine Stunde mich zum Sklaven zu machen. Vielmehr war mein tägliches Gespräch, die Ahndung, daß ich die Reise nicht vollenden würde. Ich kann sie nicht vollenden. Der erste Ort des Stillstandes zeigt mir, daß sie keine Reise für mich sein würde, und ich immer deplaciert bin; entweder hier also eine Änderung, oder ich schleppe mich durch Länder, wo ich gefesselter bin. Was also auch die ganze Welt, was auch meine Liebe zu Italien mir entgegen rede – ich sehe nicht anders, wie ich handeln kann, als so – wie ich handle. Und das muß gehen. Ich handle nach meinem Charakter! und dazu müssen sich Aussichten und Umstände passen.

Bevor Herder den letzten Gedanken noch persönlicher, auf Caroline hin entwickelt, lohnt es sich innezuhalten. Weiß er eigentlich, was er mit den drängenden und stürmischen Sätzen seiner Leserin mitgeteilt hat? Sie erfährt nicht nur die erfolgreiche und Bewunderung heischende Geschichte eines jungen Menschen, der sich aus eigener Kraft hocharbeitet, sondern vernimmt auch nachdenklich stimmende Seiten seines Charakters.

Der wagemutige Jüngling in Königsberg: das hätte auch schief gehen können.

Der Haß der Geistlichkeit in Riga – und nun soll er in Bückeburg »Chef« der Geistlichkeit werden?

Der Genius, der ihn rief, seine jungen Jahre zu nutzen – wird er ihn wiederum rufen, und niemandes Träne kann ihn halten?

Sein verschwenderischer Umgang mit Geld – wird er ihn zukünftig ablegen können?

Seine Selbständigkeit bei Hofe – wie wird er sie in Bückeburg leben?

Die unglückliche Freundin, aus deren Armen er in Riga ging – kann sie nicht auch einmal »Caroline« heißen?

Wie ist das denn überhaupt mit den Aussichten und Umständen, die zu seinem Charakter passen müssen – und wenn sie es nicht tun? Kann er vielleicht auch einmal seinen Charakter den Umständen anpassen, vielleicht an Caroline?

Da sitze ich nun hier – ach! denken Sie nicht, Mademoiselle, wie Sie in Ihren und auch in Ihrem letzten Briefe, so weiblich gut und zart und entzükkend denken, daß ich ein Mann sei, Jemandes Glück in der Welt zu machen. Ich gestehe es, ich schmeichle mir in süßen Stunden – wo Jemandes, so wünschte meine ganze Seele das Ihrige: glauben Sie es, meine Hochachtungswürdige Freundin, daß ich aufrichtig, ehrlich und vielleicht tugendhaft bin, wenn es Menschen sein können; daß ich ein empfindsames Herz, ein starkes Gefühl für die allein glücklichmachenden Scenen der Menschheit habe; und daß ich Der, die ich die Meinige nennen würde, Alles aufbieten müßte, um ihr eine Welt voll Freude zu machen. So glaube ich mich zu sein; aber – und doch sind vielleicht Abers möglich: und doch bluten vielleicht Wunden – o halten Sie mich für närrisch! Ich kann nicht weiter schreiben und nicht weiter denken. Wo und wie wir sind, sind wir in der Hand Gottes. Lebe, schlafe wohl, englische, unschuldige Seele! ich liebe Dich mehr, als Dich zehn Brüder lieben können! Wenn ich unglücklich bin, so bin ich doch wenigstens nicht böse oder unredlich gewesen, und auch Du, meine Flachsland, hast eine Männliche Seele? – Leben Sie wohl, wie im Himmel: denn Sie sind ein Engel Gottes! Zerreißen Sie diesen Brief! Ich könnte ihn selbst zerreißen; aber das will ich nicht. Ich bin

Ihr ewiger H.

Wenn das kein Absagebrief von Johann Gottfried ist! Aus erster Hand, aus eigener Feder kann die Leserin spüren, wie er ringt. Der Theologe bemüht die »Hand Gottes«, um sich zu entfernen; der Mann beschwört die »männliche Seele« der Frau, damit sie es mit Fassung trage...!

Ob Johann Gottfried zu fliehen gedenkt, das will Caroline wissen. Ob sie mit ihm wird leben können, das muß klar werden. Und sie bewirkt Klarheit!

In seiner langen Briefsequenz aus den ersten Oktobertagen 1770 läßt er Caroline wissen, was sie für ihn bedeutet:

Ich kann Dich mit meinen Briefen nicht verlassen... Glaube mirs, daß Du die erste und Einzige bist, die ich mir in süßen Stunden des Herzens zu meinem ewigen Glück vom Himmel erflehte, und oft den Traum hatte, nicht unmöglich zu flehen? Stößest Du mich von Dir, o so wisse, es ist der aufrichtigste Deiner Freunde, den Du von Dir stößest, den Sie je gehabt haben und haben können, und mir wird wenigstens mein Gewissen sagen, was mich Allein kennet – mehr, mehr hab ich Dich geliebet, als ich Dir je hab kund gemacht. Adieu meine beste, noch immer süßeste Freundin.

Hätte es Herder mit diesen Sätzen genug sein lassen und nicht noch die Briefbögen der nächsten Tage geschrieben – dann hätte er wohl nicht von Caroline einen Versöhnungsbrief erhalten!
Auf den weiteren Briefseiten variiert Johann Gottfried den getroffenen Ton der Erinnerung an die Darmstädter Stunden, bekräftigt seine Liebe, beklagt die unverdiente Behandlung durch Caroline und fleht um ihren Antwortbrief.
Sein Jubel und seine Freude über den erhaltenen Versöhnungsbrief füllen die Briefkaskade vom 8., 9., 10. und 14. Oktober:

Alle Unruhen und Furien hatten sich schon an mir ausgemartet: ich hatte schon Sonnabend, Sonntag und den halben Montag vergebens auf Ihren Brief gehofft: ich ging schon, füllen Sie es sich selbst aus, in welchen Gedanken? an die Tafel – und siehe! mitten unter kam Ihr Brief. Wie ungeduldig erbrach ich ihn unter dem Tische, um wenigstens in der ersten Zeile das Erste Wort zu lesen und es zu fragen: aus welchem Herzen es käme? Und da ichs gelesen hatte: da ich nur die Sylben las, daß Sie noch meine Freundin wären – süßer, Göttlicher Engel! was wollte ich mehr? Ich sackte meine Briefe ein, war am Tisch, wie umgekehrt, brannte vor Verlangen, die Stimme meiner wiederkommenden Freundin ganz zu hören, und flog in meine Einsamkeit, wo ich den ganzen Nachmittag mit allen Himmlischen Engeln, die sich freuen wenn sich Menschen wiederfinden, wenn ein Hirte sein abirrendes Schaf, und ein armer Sünder, wie ich, ein so gutes... Herz wieder erhält – mit allen diesen Engeln des Evangeliums habe ich heute den Nachmittag gefeiert...

Nun bleibt noch die Frage zwischen ihnen: ob er an eine andere Frau gebunden sei?
Die Aufhellung dieser mit seiner Vergangenheit verbundenen Frage fädelt er geschickt ein:

Komm' in meine Arme! ›In meine Arme?‹ aber ›da ist schon eine andere unglückliche Freundin gewesen, oder ist noch da, die ich in Riga gelassen?‹

Zitiert er Caroline oder rät er ihre Gedanken?

Verzeihen Sie mir hier ein kleines Lächeln: ich will Ihnen die Sache aufklären.

Anscheinend hat Caroline doch eine Bemerkung gemacht, eine bange Frage gestellt, die Rivalin in Liefland vermutet.

Wissen Sie, wer diese unglückliche Freundin war und ist? Eine vortreffliche, aber äußerst übel verheiratete Dame zwischen dreissig und vierzig Jahren, deren Freund und täglicher Umgang ich nebst einem andern ehrlichen Kerl war, vor dem wir nichts Geheimes im Herzen hatten. Zwei runde

Jahre bin ich in ihrem Hause, vor Mittage, Mittag wo ich täglich speisete, nach Mittage, und Abend bis in die Nacht gewesen: Einerlei Uebel unsrer Augen machte uns bekannt, und da ich von Tage zu Tage ihren lebhaften Geist, ihr gutes Herz, und ihren sehr festausgebildeten Charakter immer mehr kennen lernte; so haben wir täglich, als Freunde, gelebt, deren es nicht viele in Riga gab. Da waren wir täglich zusammen, um zu plaudern, und zu lesen und uns zu zanken, und uns zu trösten, und zu tändeln, uns zu liebkosen und – nichts mehr! Ein Gedanke weiter hätte unsre Freundschaft beleidigt! Ich habe ihr und ihren Kindern einige Dienste getan; ... und mit mir verlor sie also einen Freund, einen täglichen Gesellschafter... Das war würklich schon Trennung. Sie begleitete mich mit einer Schaloupe voll Freunde und Freundinnen bis an mein Schiff, ob sie gleich äußerst das Wasser scheut: unser letzter Kuß, ich oben auf dem Schiff und der offnen See zueilend, sie unten im Fahrzeuge und zu ihrer Hütte kehrend, ohne uns vielleicht je wieder zu sehen, war würklich Kuß der Freundschaft, der auf dem offnen Meer so selten geben wird. Da entstand das gräßlichste Donnerwetter, was uns, da wir uns vielleicht noch absehen konnten, schied; und ich habe von ihr schon seit Frankreich aus keine, von ihrem Manne aber noch aus Holland Briefe. Die ganze Stadt wußte unsre Freundschaft, weil ich ihr alle Gesellschaften, die mich so häufig suchten, aufopferte: und selten bin ich zu einer Predigt gefahren, wo sie mich nicht im Wagen begleitete. Sehen Sie da die Geschichte meiner unglücklichen Freundin. Sind Sie noch eifersüchtig?

Was soll Caroline darauf antworten?! Ist diese Frage nicht reichlich unverfroren? Was soll sie davon halten, wenn er ihr erst ganz ausführlich die enge Beziehung zu Madame Busch beschreibt, um dann zu sagen, eigentlich sei nichts gewesen?

Hier bekommt Caroline einen Vorgeschmack von dem, was sie in ihrer Beziehung zu Herder begleiten wird: immer wieder wird Johann Gottfried versuchen, sie in die Beziehung zu seinen jeweiligen »Freundinnen«, die er seelsorgerlich begleitet oder tröstet, mit einzubinden.

Wohl! ich habe ein Band von ihr, das ich ihr noch an meinem Abschiedstage, zum Andenken, von ihrem schönen Fuß raubte... soll ich Ihnen nicht das Körbchen, das Sie mir neulich geschickt und ich Ihnen jetzt mit Danke wiedersende, mit diesem Bande begleiten? ein Band der Freundschaft an den Fuß des Altars der Liebe ist keine Entweihung, und wie sehr würden Sie beide Freundinnen werden und ewige Freundinnen bleiben, so bald Sie sich kennten. Das war Eins ihrer letzten Worte: ›Lieber Herder ich wünsche Ihnen nichts, als daß Ihre künftge Frau Sie nur halb so liebe, als ich Ihnen gut gewesen bin!‹ Und so waren wir, ohne es uns einmal viel zu sagen – und ohne je für einander, auch nur dem Alter oder einem Gedanken nach, sein zu können – Haben Sie noch ein Bedenken über die Stelle meines Briefes? Lesen Sie sie noch einmal und der Zusammenhang wird, was ich sage, bestätigen!

Nachdem er Carolines Versöhnungsbrief erhalten hat, freut sich Johann Gottfried auf ein Wiedersehen mit Caroline.

Und teures Mädchen! Der erste, der erste Augenblick des Wiedersehens? O ich will ihn durch keine Worte entweihen. Freuen Sie sich mit mir darauf, meine holde, süße, liebenswürdige Freundin, und machen Sie sich hübsch zum Voraus Register, was wir sprechen, was wir uns fragen, uns erzählen wollen: sonst vergessen wir Alles. Ach! Ich habe mich immer darauf gefreut, die Gegenden meiner Kindheit, meines Vaterlandes, einmal wieder zu sehen – wie freue ich mich jetzt? ... Sie können nicht glauben, wie mir ist, da ich jetzt gleichsam das Ende meiner unruhigen Wallfahrt vor mir sehe und Hütte aufzuschlagen gedenke...
Ich umarme Sie liebste Freundin, die ich bald lebhafter als im Briefe umarmen werde!

In Straßburg

Caroline wartet. Es ist nicht nur das Warten auf ein Wiedersehen mit Herder und auf seine Umarmung. Es ist auch nicht nur das Warten auf jeden Posttag, der mit einem Brief ein Stück Außen-Welt in ihr enges Zuhause bringt. Es ist ein Warten auf »das Leben« überhaupt, das sich noch vor ihr versteckt, sich vielleicht sogar immer vor ihr verbergen wird. Noch nie ist ihr ein Winter so trüb und lang vorgekommen wie dieser Darmstädter Winter 1770/71. Kartenspiele wie das »Trisept«, das ihr Schwager Hesse liebt, öden sie an. Sagen darf sie das nicht. Sie beteiligt sich am Spiel und versucht, keine verdrossene Miene aufzusetzen. Ihr fehlt die heitere Sommerstimmung, in der sie draußen im Grünen ihre Freunde treffen könnte. Drinnen empfindet sie jede Geselligkeit als dumpf. Sie ist matt.

Einziger Trost sind die Stunden, in denen sie heimlich an ihren Herder schreibt, seine Briefe wieder und wieder liest und sich die Lektüre vornimmt, die er ihr empfiehlt – in einem anderen Ton nun, nach der Krise. Shakespeare ist einer dieser neuen Namen, die er ihr nennt. Sie greift diese Anregung neugierig auf, liest »Romeo und Julia«. Später wird sie sich dazu äußern. Noch aber, in diesem so endlos langen Winter, kreisen immer wieder andere Gedanken in ihrem

Kopf. Kann sie ihrer Schwester anvertrauen, was sie bewegt?

Die beiden singen oft miteinander Elsässer Lieder. Eine Erinnerung an ihre Kindheit, die sie in Reichenweiher verbracht haben. An einem solchen Abend gesteht Caroline Friederike, daß sie... die »Halbverlobte« Herders sei.

Caroline erschrickt über Friederikes Reaktion. Diese nämlich fühlt die Gemeinschaft mit ihrer Schwester bedroht.

Caroline soll bei ihr bleiben, sie nicht allein lassen in ihrer kalten Ehe. Caroline, in Tränen aufgelöst, verspricht das.

Ohnehin hat Herder ihr ja nie einen Antrag gemacht. Für sie »zuständig« ist Schwager Hesse, und an ihn hätte Herder sich wenden müssen. Bei ihm hätte er um ihre Hand anhalten müssen. Nun sind beide Schwestern in Tränen aufgelöst. Friederike versichert der jüngeren Schwester, daß auch eine »gute Partie« nicht glücklich macht. Caroline verspricht der älteren, sie nicht zu verlassen. Den Briefwechsel aber will sie nicht abbrechen, nein, das nicht.

Sie wartet weiter an allen Posttagen. Wartet weiter auf das, was ihr Seelenfreund ihr aus der Welt in ihr »enges Zellchen« schreibt. Was Caroline nicht ahnt und auch aus seinen Zeilen nicht herauslesen kann: Er ist in diesem Winter in Straßburg tief deprimiert.

Zunächst läßt sich alles gut an. Er nimmt Quartier im Gasthof »Zum Geist« an der Ill. In das Quartier des Prinzen, dessen Reisebegleiter er ist, soll er nach wenigen Tagen umziehen.

Während seine Caroline in Darmstadt schwärmerisch an ihn denkt, vielleicht gerade mit ihrer Schwester

über ihn spricht, steigt er die Stiegen zu seinem Gasthof hinauf. Er trägt, wie immer, sein gepudertes
Haar in eine Locke aufgesteckt, hat das Ende seines
langen schwarzen Seidenmantels zusammengenommen und in die Tasche gesteckt. Daß jemand ihn beobachtet und später so beschreiben wird, das ahnt er
nicht.

Dieser »Jemand« stürmt ihm nach, die Stiegen hinauf. Er sagt auch seinen Namen. Johann Wolfgang
Goethe heißt er, ist Student in Straßburg und will den
berühmten Neuankömmling kennenlernen. Schon
nach kurzer Zeit ist der 21jährige Goethe ganz im
Bann des um fünf Jahre älteren Herder; er verehrt ihn
schwärmerisch. Die jungen Männer führen lange Gespräche über literarische Fragen, über Shakespeare
und über die Volksliedsammlung, die Herder plant.
Manchmal allerdings fühlt Goethe sich vor den Kopf
gestoßen. Das ist in den Augenblicken, wenn Herders Stimmung blitzartig umschlägt. Verdrießlich.
Mürrisch. Spöttisch. So kann er von einer Sekunde
zur anderen werden. Er lächelt über Goethes Liebhaberei, Siegel zu sammeln. Das mag ja noch angehen.
Dann aber kritisiert er Goethes Geschmack, verleidet
ihm seinen geliebten Dichter Ovid. Und schließlich
wirft er ihm auch noch vor, er würde viel zu wenig lesen. Die Bücher in seiner Sammlung stünden nur zur
Dekoration da. Das kränkt.

Am schlimmsten getroffen ist Goethe, wenn Herder
Spottverse auf ihn macht. So verhöhnt er einmal seinen Namen: »Der von Göttern du stammst, von Goten oder vom Kote.«

Diesen Spaß verträgt Johann Wolfgang Goethe nicht:
»Der Eigenname eines Menschen ist nicht etwa wie

ein Mantel, der bloß um ihn herhängt und an dem man allenfalls noch zupfen und zerren kann, sondern ein vollkommen passendes Kleid, ja wie die Haut selbst ihm über und über angewachsen, an der man nicht schaben und schinden darf, ohne ihn selbst zu verletzen.« Der Eigenname, »angewachsen wie die Haut selbst«, Goethes Ärger ist berechtigt.

So haben die beiden Gespräche, Auseinandersetzungen über Poesie, Malerei, Naturwissenschaften. Und Goethe immer als der Schüler, der begierig alles aufsaugt, Herder als der Lehrer, tiefsinnig, gedankenschwer und – launisch.

Ist es sein Augenleiden, das ihn so verdrießlich macht? Er hat eine Tränenfistel, die in Straßburg behandelt werden soll. Eine schmerzhafte Operation, bei der Goethe zuschaut. Seinem Freund Herder wird der Tränensack aufgeschnitten. Dann durchbohrt der Chirurg den Nasenknochen und legt einen Tränenkanal, durch den ein Pferdehaar gezogen wird. Es muß bitter für Herder gewesen sein, daß diese Prozedur, die sich über Wochen hinzieht, schließlich doch keinen Erfolg bringt.

Trotz seiner Schmerzen kann Herder die bedeutende Schrift »Über den Ursprung der Sprache« fertigstellen, für die er den Preis der Preußischen Akademie der Wissenschaften verliehen bekommt.

Er vertraut Goethe an, daß er sich in Darmstadt die Neigung eines »vorzüglichen Frauenzimmers« erworben habe und daß er auf der Rückreise »freier, fröhlicher und wohlgebildeter« vor sie treten und um ihre Hand anhalten will. Nun aber ist er nach der Operation ganz und gar entstellt, hat Fieber und heftige Schmerzen. Lange Zeit kann er das Haus nicht verlassen, während Goethe die Landschaft der Rheinebene genießt, bei Sonnenuntergang auf dem Straßburger Münster steht – mit einem Pokal Wein in der Hand – und ihm, dem kranken Herder, überaus gut gelaunt davon berichtet.

Da muß Neid aufkommen, Neid auf einen, der so viel glücklicher dran ist, dem sein Leben vorkommt »vollkommen wie eine Schlittenfahrt, prächtig und klingend«. Wie oft mag Herder sein Schicksal verwünscht haben, wenn Goethe – spontan und übersprudelnd – mit neuen Erlebnissen und Gedanken zu ihm gekommen ist?!

Immerhin hat er die Genugtuung, daß er eine starke Anziehungskraft auf den jüngeren Freund ausübt. Wie auch auf Caroline, mit der er sich brieflich wieder ganz ausgesöhnt hat. Nur eines tut er nicht: Er schreibt ihr in seinen seitenlangen Briefen kein einziges Wort über die neue Freundschaft, die er geschlossen hat. Und Goethe wiederum verbirgt Herder, daß sich in ihm »poetische Gestalten ausbilden«: Götz von Berlichingen und Faust. Wahrscheinlich würde Herder ihm nur wieder sagen, das seien »jugendliche Phantasien«. Lieber darüber schweigen.

Auch Caroline verschweigt Herder das, was sie zur Zeit tief bedrückt. Ihre Schwester, die Mätresse des Landgrafen, ist zwar zur »Raison gebracht« worden – das heißt, sie wurde jetzt an einen »anständigen Mann« verheiratet. An einen Herrn Goll. Und eigentlich müßte alles in Ordnung sein, denn nun erwartet sie ein Kind. Caroline will Patin werden; das hat sie schon versprochen. Ernestine jedoch weiß dieses Glück überhaupt nicht zu schätzen. Sie will auf alle guten Ratschläge nicht hören; ihr ist diese Ehe einfach zuwider. Mitunter kommt sie Caroline so vor, als sei ihr Kopf »voller Hexen und Teufel«.

Noch eine gescheiterte Ehe? »Noch« fragt sich Caroline deshalb, weil es im Haushalt der Hesses auch nicht stimmt, und weil auch Freund Merck und seine Frau sehr unglücklich wirken.

Wo könnte denn sie, Caroline, endlich einmal ein Vorbild einer geglückten Beziehung sehen?

... daß sie sich ganz vergißt und leben mag nur in anderen.

So wird Goethe später das Idealbild des Weibes beschreiben. Caroline wartet noch auf ihn, den Anderen.

Doch das so lange herbeigewünschte Wiedersehen mit Johann Gottfried wird zu einer großen Enttäuschung.

Caroline und Goethe in Darmstadt

Als er – endlich, endlich – Anfang April 1771 wieder nach Darmstadt kommt, fühlt er sich nicht wohl in Carolines Freundschaftszirkel. Er ist mißgelaunt, nennt einen Freund Carolines »Empfindungströdler« – ja, fast könnte man denken, daß er ihr Kontakte zu anderen Menschen nicht gönnt. Mit sich selbst ist er ohnehin unzufrieden. Er wird als Hofprediger nach Bückeburg gehen, obwohl er insgeheim ehrgeizigere Pläne hat. Aber, und das muß ihn geschmerzt haben, ihm wird einfach nichts geschenkt im Leben. Er tut sich nicht so leicht wie sein Freund Goethe. Den besucht er übrigens von Darmstadt aus in seinem Frankfurter Elternhaus. Davon sagt er Caroline nichts. Immer noch verschweigt er ihr diese Freundschaft.
Und Caroline?
Sie wirft sich weinend aufs Bett, als Herder nach seinem kurzen Besuch in Darmstadt weiterreist. Vielleicht waren ihre Erwartungen zu hoch? Hat sie ihm nicht mehr gefallen? Ist sie nicht anziehend genug? Wirkt sie zu wenig gelehrt? Oder gar, ganz im Gegenteil, wie ein »gelehrtes Frauenzimmer« – und das wäre ein besonders schlimmer Fehler?
Friederike versucht die Schwester zu trösten. Nimmt Caroline mit zu einer »visite«, damit sie abgelenkt wird. Schließlich, sagt die ältere der jüngeren Schwe-

ster, sei es doch wirklich am besten, sie bliebe bei ihr und dem Geheimrat Hesse. Warum sich dagegen sträuben? Herder habe sich nicht erklärt. Alles sei unsicher wie schon seit Monaten. Warum diesem Mann nachweinen? Beispiele für geglückte Ehen gebe es nun einmal nicht, und da sei es vielleicht doch am besten, wenn zwei Schwestern zusammenhielten. Außerdem beginne gerade der Sommer, die Zeit der Ausflüge und Freundschaften im Freien. Viele heitere kleine Erlebnisse würden noch auf Caroline warten, wenn sie in Darmstadt bliebe, idyllische Tage.

So die Schwester.

Aber Caroline vergräbt sich in ihren Schmerz. Sie wird krank, krank wie ein untröstliches Kind: Kurz nach Herders Abreise bekommt sie die Kinderkrankheit Masern. Sie schreibt an Herder, daß noch nie in ihrem Leben ihr Körper so »zerrüttet« gewesen sei, daß »alle Gänge zu ihrem Herzen verriegelt« gewesen seien, daß sie dagelegen habe »ohne Gefühl«. Und dann diesen Satz:

Nimmermehr hätte ich geglaubt, daß die Seele so sehr vom Körper abhängt!

Schwager Hesse besucht sie am Krankenbett, spielt ihr auf dem Klavier vor – und macht ihr Vorwürfe. Er argwöhnt, daß sie Herder lieber habe als ihn. Er betrachtet sie als seinen Besitz, er, der Herr im Haus, der sie, die Waise, gnädig aufgenommen hat. Dankbar soll sie sein. Und nicht anderen Männern schöne Augen machen.

Was soll Caroline darauf antworten? Es gibt Tage, dunkle, zerrissene Tage, an denen kein Wort zu ihr dringt. Ihre Ohren verschließen sich. Sie ist taub. Mitunter wünscht sie sich, dieser Zustand solle so bleiben. Einfach nichts mehr hören müssen, nur da liegen in Fieberträumen und bei sich selbst sein.

Es dauert lange, bis sie ihr Gehör wiederfindet, bis sie überhaupt wieder Lust am Leben empfindet. Am liebsten wäre sie weggeglitten in ein Traumland, wie es ihr die Fieberphantasien vorgaukeln: Keine Angst mehr haben vor den Zudringlichkeiten eines fremden Mannes. Sich anschmiegen können an den einen, den sie liebt.

Dieser aber, Johann Gottfried Herder, ist ferner denn je. Aus Bückeburg schreibt er ihr und schildert sein einsiedlerisches Leben.

Sie versteckt sich unter einem schwarzen Schal – noch sieht man die Narben der kaum überstandenen Krankheit – und unter dem Schal fühlt sie sich wie eine Nonne.

An Herder schreibt sie, daß Geheimrat Hesse von ihr nicht erfahren habe, wie »nah« sie und Johann Gottfried sich sind. Sie schreibt es so deutlich, daß er eigentlich verstehen müßte, wie wichtig es für sie ist, daß er sich endlich »erklärt«.

Doch darauf geht er nicht ein.

Er hat in Bückeburg inzwischen in der Gräfin Maria Eleonore eine »Seelenfreundin« gefunden; ihr widmet er Gedichte – und es sind zum Teil dieselben, die er Caroline schickt.

Caroline ahnt, daß er nicht nur in Darmstadt, sondern auch in Bückeburg eine »Psyche« hat.

Diese lauscht seiner Predigt – so wie Caroline es beim Kennenlernen in Darmstadt getan hat. Sie folgt ihm in seine Gedankenwelt – so, wie er es sich von Frauen

wünscht. Nicht »gelehrt«. Aber mit viel Anteil-
nahme und mit Anregungen, die er aufgreifen oder
verwerfen kann.

Daß »ein himmlischer Schleier« über dem Gesicht
der Gräfin liege, teilt er Caroline mit, daß sie »für
diese Welt zu gut sei« – und schließlich auch noch in
einem Brief:

> Wären Sie hier: so glaube ich, würde sie eine Freun-
> din an Ihnen haben, wie sie noch nicht viele im Le-
> ben gehabt – aber ich schwatze – werfen Sie gleich
> den Brief fort; wie vieler Mißdeutung wäre er
> fähig.

Caroline wirft den Brief nicht weg.

Sie hat, als die Krankheit endlich überwunden ist, zu
ihrer Lebensfreude zurückgefunden. Der Kreis ihrer
Freunde in Darmstadt wird größer. Johann Gottfried
hat die Fähigkeit, ganz auf einen einzigen Gesprächspartner einzugehen. Caroline entfaltet sich, wenn
eine Gruppe Gleichgesinnter und -gestimmter um sie
herum ist. Sie lebt wieder auf »unter den Rosen der
Freundschaft«.

Zu den Freundinnen »Urania« und »Lila« hat sich
»Sophie« gesellt, »Sophie«, die eigentlich Cornelia
Goethe heißt. Zuerst ist ihr Bruder nach Darmstadt
gekommen: Johann Wolfgang Goethe. Von Frankfurt
aus hat er nach einem sechsstündigen Fußmarsch die
»Empfindsamen« in Darmstadt getroffen.

Im März 1772 ist das gewesen, und Caroline hat er
gleich erzählt, daß er Herder aus der gemeinsamen
Zeit in Straßburg gut kenne. »Munter« findet Caroline ihn, »ohne gelehrte Zierat«. Er tanzt mit ihr nach

Klaviermusik Menuette. Sie trinken eine Schale Punsch. Er küßt ihre Hände. Ungebunden ist er, und unbefangen erzählt er ihr, wie gerade seine große Liebe zu einem Mädchen aus Sesenheim zu Ende gegangen ist.

Will er damit andeuten, daß er jetzt »frei« ist für eine Freundschaft – oder auch mehr – mit Caroline?

Von der Luisenstraße, wo Caroline im Haus des Schwagers wohnt, wandern sie gemeinsam zum »Herrgottsberg« im Süden Darmstadts. Der Felsen, an dem sie lagern, wird von ihm bekränzt – und später in einem Gedicht »Fels-Weihegesang an Psyche« verewigt.

Heitere kleine Szenen. Schwärmereien. Und immer wieder die Tränen der jungen »Empfindsamen«. Da gibt es Freuden-, Schmerzens-, Abschieds-, Wiedersehens- und Versöhnungstränen, Tränen der Rührung, Verzweiflung, Freundschaft, Liebe, Dankbarkeit; was auch geschieht, geweint wird immer. Überschwenglich bekennen sich die jungen Leute zu ihren Gefühlen.

In ihren Briefen nach Bückeburg erzählt Caroline, wie sie und die Freundinnen »alle Tage beisammen« sind, wie sie mit Goethe durch den Wald laufen, in einen starken Regenguß kommen und dann, ganz durchweicht, unter einem Baum Schutz suchen. Übermütig singt Goethe ihnen ein Lied vor, das Herder von Shakespeare übersetzt hat: »Wohl unter grünen Baumes Dach«. Alle stimmen in den letzten Vers mit ein – und zwar, so erlebt es Caroline, »so vergnügt, daß ich mehr wünsche, so beregnet zu werden. Das zusammen ausgestandene Leiden hat uns recht vertraut gemacht.«

Goethe, den die Mädchen den »Wanderer« nennen, liest ihnen aus seinem »Götz« und aus Sternes »Tristram Shandy« vor. Es ist für Caroline eine unbeschwerte, glückliche Zeit. Sie spürt, daß der junge Goethe sie reizvoll findet. Das schmeichelt ihr. Warum sollte sie es nicht genießen? Mit Cornelia, Goethes Schwester, führt sie vertrauliche Gespräche in einem »dunklen, einsamen Gang«. Im Gang, der vom Eremitenhäuschen im Darmstädter Schloß unterirdisch zum Grabgewölbe der Landgräfin führt.
Caroline erfährt von Cornelia, daß Johann Georg Schlosser, Doktor der Rechte in Frankfurt, ihr einen Heiratsantrag gemacht hat. Das ist im Sommer 1772, und Caroline weiß zu diesem Zeitpunkt noch immer nicht, wie ihr Halbverlobter – oder wie soll sie ihn bezeichnen? – sich entscheiden wird. Wird er in Bückeburg bleiben, will er woanders beruflich Fuß fassen, wird er sich überhaupt dazu entscheiden, sie zu heiraten?
Seine Reaktion auf Carolines Freundschaft mit Goethe ist unwirsch. Den Freund aus Straßburger Zeiten findet er »äußerst leicht, viel zu leicht und spatzenmäßig«. Sicher, er erinnert sich daran, daß der jüngere ihm während seiner langen Leidenszeit in Straßburg geduldig Gesellschaft geleistet hat. Aber ist das nicht in erster Linie geschehen, weil er ein wichtiger Lehrer für den Studenten Johann Wolfgang Goethe gewesen ist? Gefühlsreisen nach Darmstadt macht er jetzt also? Und auf sein Fortkommen als Advokat ist er nicht bedacht?
»Goethe steckt voller Lieder«, schreibt Caroline. Sie schickt an Herder den »Fels-Weihegesang an Psyche«, ihr von Goethe zugeeignet.

56

FELS-WEIHEGESANG

An Psyche

... Ich sehe sie versammelt
Dort unten um den Teich;
Sie tanzen einen Reihen
Im Sommerabendrot.
Und warme Jugendfreude
Webt in dem Abendrot,
Sie drücken sich die Hände
Und glühn einander an.
Und aus den Reihn verlieret
Sich Psyche zwischen Felsen
Und Sträuchen weg, und trauernd
Um den Abwesenden
Lehnt sie sich über den Fels.
Wo meine Brust hier ruht,
An das Moos mit innigem
Liebesgefühl sich
Atmend drängt,
Ruhst du vielleicht dann, Psyche.
Trübe blickt dein Aug
In den Bach hinab,
Und eine Träne quillt
Vorbeigequollnen Freuden nach;
Hebst dann zum Himmel
Dein bittend Aug,
Erblickest über dir
Da meinen Namen.
– Auch der –
Nimm des verlebten Tages Zier,
Die bald welke Rose, von deinem Busen,
Streu die freundlichen Blätter

übers düstre Moos,
Ein Opfer der Zukunft.

Herders Reaktion darauf erfolgt prompt (am 6. Juni
1772):

> Aber, mein liebstes Mädchen, die Felsweihe an Psy-
> che gefällt mir nicht; ich weiß nicht warum? aber
> Sie machen auf mehr als eine Art eine zu traurige Fi-
> gur in derselben: und hier haben Sie also mein Im-
> promptu von Antwort. Erfüllen Sie darin meine
> Bitte, wie ich sie erfüllen werde, und grüßen Sie
> den Felsweiher bei Gelegenheit, daß er artige Op-
> fer austeilen soll: oder soll er von seinem Amt ge-
> setzt werden.

Seine mitgeschickte Stegreifdichtung ist aber keines-
wegs nur eine witzige Antwort auf Johann Wolf-
gangs Gedicht – nach Goethes Antwortbrief zu schließen, muß sie ziemlich verletzend gewesen sein:

> So will ich euch auch sagen, daß ich letzt über eure
> Antwort auf die Felsweihe aufgebracht worden
> bin und hab euch einen intoleranten Pfaffen ge-
> scholten: das Götzenpriester und frecher Hand den
> Namen einzwang war nicht recht. Hatte ich un-
> recht einen Trauerakkord vor eurem Mägden zu
> greifen, mußtet ihr mit Feuer und Schwert dreintil-
> gen. Ich weiß wohl, das ist eure Art, ihr werdet
> nicht davon lassen, gut... Was den Punkt betrifft,
> soll euch künftig in dem Recht eurem Mägden me-
> lankolische Stunden zu machen kein Eingriff ge-
> schehn. Und so hätt ich das auch vom Herzen.

Was für ein Streit zwischen den beiden Männern – Johann Wolfgang feiert demnächst seinen 23. Geburtstag und Johann Gottfried den 28. Geburtstag: und Caroline ist 22 Jahre jung! Sie jedenfalls hat Goethe sehr herzlich für das Gedicht gedankt, freilich bevor sie Johann Gottfrieds Reaktion gekannt hat! Sie hat ihm das Gedicht nach Bückeburg geschickt, ohne sich etwas dabei zu denken – oder doch? Schließlich hat sie ihn schon vor vier Wochen wissen lassen:

> Göthe und meine Lilla sind wieder hier, ich habe das warme feurige Mädchen nur eine Minute gesehen, und mit Göthe waren wir gestern bei meinem Fels und Hügel. Er hat sich einen großen prächtigen Felsen zugeeignet und geht heute hin, seinen Namen hinein zu hauen, es kann aber niemand darauf als er allein.

Herder antwortet noch ganz von oben herab:

> Göthe ist ein guter Junge und wird Euch mit seinen Wanderschaften ›Wanderers Nachtlied‹ wenigstens ein Bild vortragen, das Lust zu leben hat, und närrisch Zeug zu machen, in Felsen zu hauen, zu hüpfen, und bei einem kleinen Vorfall sehr laut zu krähen. Was würde ich für einige Stunden geben, bei Euch zu sein.

Mit der Übersendung des Gedichtes läßt Caroline Herder an ihrer Gemeinschaft teilhaben, indem sie ihm »einige Empfindungsstücke von unserem großen Freund Göthe« zukommen läßt:

Elysium und Morgenlied beziehen sich fast ganz auf die Zeit, wo er Uranien und Lilla...zusammen zum erstenmal sah. – jetzt sitzt er in Wetzlar, einsam, öde und leer, und überschickte diese 3 Stücke an Lilla zum austeilen.

Als Caroline diesen Brief mit der Beilage der Gedichte an Herder nach Bückeburg abschickt, kann sie von ihm eine Reaktion erwarten. Wenn er liest, wie Johann Wolfgang drei junge Frauen tröstet, mag er sich über die Gedichte an Urania und Lila freuen: erhoffte nicht sogar Caroline eine Verbindung von Lila und Goethe?

Ein jedes empfindsames Herz wird von dem Engelsmädchen angesteckt, und mich dünkt, Göthe denkt darüber ernsthaft nach. ...Wenn Göthe von Adel wäre, so wollte ich, daß er sie vom Hof wegnähme, wo sie auf die unverantwortlichste Art verkannt wird – aber so geht es nicht. Göthe ist ein äußerst guter Mensch, und sie wären sich beide wert.

Mag sich also Herder über diese Gedichte an Urania und Lila freuen, so muß der Fels-Weihegesang an Psyche in seiner Seele eine andere Reaktion auslösen. Zwei Freunde sind um Caroline, beide dichtend. Johann Gottfrieds Antwort setzt beim Schluß des Weihegesangs ein und trifft Goethe tief!

ANTWORT AUF DIE FELSWEIHE
AN PSYCHE

Nicht »des verlebten Tages Zier,
o Psyche! keine welke Rose
sei Traueropfer dir
auf totem Moose!«
Welch Opfer! welch' Altar! Und düster
die Gegend! und ein irrer Götzenpriester
der diesen Fels erstieg und ungeweiht ihn sang,
und frecher Hand ihm ein den Namen zwang
und traurig Opfer dir befahl!
O meine Psyche, nicht umarme
den wüsten Fels! er hört dich nicht.
Nicht wende dein Gesicht
zum Nebel, daß der Steinklos nicht
von Einer Trän' erwarme!
Nimm auf das Saitenspiel
der Freud' und Hoffnungen!
Wie sind der Saiten viel
und Töne viel auf ihm! und eine Welt Gefühl
des Lebens in ihm. Komm! Sei Gegenwart
der Sängerin des Lebens mir
durchs Leben! Weine nicht! und sieh
wie, wo noch nichts hier blüht, sich bald ein
Knöspchen Rose
voll Hoffnung offenbart!
Die sende mir, die send ich dir
das Knöspchen Hoffnungsrose!
Dann opfr' ich sie! dann opfre sie
auf schönstem, kühlsten Wäldchenmoose
den Göttern – Psyche *die*!

Zwei Männer, zwei Gedichte. So verschieden wie die Werke sind auch ihre Verfasser. Vom künstlerischen Rang her mag Goethe siegen – aber was das Herz angeht, da trifft Herder den Ton: denn Carolines »Psyche«, das Thema der Gedichte, antwortet voller Jubel! Im weiteren Verlauf ihres Briefes vermittelt sie aber zwischen Herder und Goethe, indem sie Herder ihre Situation nahebringt. Wach und bewußt schreibt sie, nicht nur schwärmerisch-empfindsam und träumend. Sie beginnt voller Entzücken:

Da liegt ihr goldenes Lied bei mir, mein Ewiggeliebtester Freund. Ich habe seitdem im Himmelreich gelebt... wie ich Dich liebe, mein Einziger, wie ich ganz allein nur mit Dir lebe, Süßer, und wie meine Seele nur immer bei Dir wohnt, die ganze Welt in Dir umfaßt,

und jetzt wird Caroline zur Dichterin: einige Zeilen aus Herders Musikdrama »Brutus« verändert sie für ihre Zwecke. Im Original heißt es:

Armseligkeit!
des Menschen Geist
er umfaßt die Welt
fleucht in Sterne
baut in Ferne
sich Ewigkeit
und fällt und fällt
in den Staub.

Caroline formt um:

fliegt in Sterne,
baut in Ferne
sich – Himmelreich
– mit Dir, mit Dir, holder Lieber! Ich habe ein Ro-
senKnöspchen in unsern LiebesGebüschen gebro-
chen; es schläft mit mir und wenn es welk wird,
brech ich anderes frisches – das Bild von dem Hoff-
nungsröschen,

und Caroline knüpft an die letzten Zeilen von Herders Gedicht an und verändert:

Die sendst Du mir, die send ich Dir,
das Knöspchen Hoffnungsrose,
dann opfr' ich sie, dann opfre sie
– – Psyche *Dir*!
Hier ist ein Blättchen davon, ich habe sie abgebro-
chen in unserm LiebesGebüsch – Deine Himmels-
rose ist in meinem Herzen, edelster Jüngling, Du
hast sie im Himmel geholt! Das Bild der Vögel!
mich dünkte, Du bist der arme Vogel, der hin zu
fernen Himmeln zog, und fandest,

und wieder dichtet Caroline Zeilen Herders um,

– Trauerort
und wohnest ihn
und ich, laß aus den Winter toben,
laß auf den Frühling blühn,
und erst ein Laubdach sich um diese Wilde ziehn;
dann kommt mit Loben
des Herrn die Nachtigall.

Caroline handelt

»Trauerort«: Was macht Caroline nach den heiteren Frühsommertagen so melancholisch? »Meine ganze Seele war in Wolken und Dunkel...«
Auch das schreibt sie.
Mag sein, daß Cornelia Goethes Verlobung sie nachdenklich gemacht hat. Alle Freundinnen werden sie verlassen, werden heiraten und ihren Männern folgen. Allein sitzt sie auf der Grasbank neben »ihrem Felsen« und läßt ihren Gedanken freien Lauf. Als »Psyche« wird sie umworben. Anfangs hat ihr dieses Spiel gefallen. Nun ist sie ernüchtert. Goethe hat Abschied von ihr genommen, ist in Wetzlar am Reichskammergericht. Herder schickt lange Briefe. Von Zukunftsplänen mit ihr ist nicht die Rede.
Nachts träumt sie immer öfter von ihren Eltern, träumt Vater und Mutter »aus dem Grab heraus«. Das sind Augenblicke, in denen sie sich schuldig fühlt: »Ach, daß ich nichts hab für sie tun können!«
Ein Gedanke, der immer wiederkehrt. Sie wirft sich vor, daß sie ihrer Rolle nicht gerecht wird. Ihre eigentliche Aufgabe sollte es sein, sich um die Geschwister zu kümmern.
Sie kann nicht länger immer nur ein »Traumes-Mädchen« sein für Männer, die sie verehren, ihr Gedichte und Verse widmen – und dann ihre eigenen, selbstbe-

stimmten Wege gehen. Carolines älteste Schwester, die frühere Mätresse des Landgrafen, mittlerweile eine verheiratete Frau Goll, braucht am ehesten Hilfe. Caroline erwägt, mit ihr zusammenzuziehen. Im Haus Hesse erträgt sie die »Dummheit und beständige Schulmeisterei« des Schwagers schon lange nicht mehr. Lieber in ein Dorf ziehen, nicht weit von Darmstadt entfernt, sich um das Patenkind kümmern:

> Das Haus, worin wir allein zusammen wohnen werden, hat völlig die Lage und Aussicht eines Klosters. Ich werde also keine Waise sondern eine Nonne werden.

Sie meint es ernst, wird diese Sätze an Herder nach Bückeburg schreiben. Sie kann es sich durchaus vorstellen, daß zwei Frauen und ein kleines, knapp einjähriges Mädchen miteinander leben. Die Schwester bekommt eine »Pension« vom Landgrafen; das wird ausreichen. Es wird allemal besser sein als das unerträgliche Zusammensein mit Schwager Hesse.
Welche anderen Möglichkeiten stehen ihr denn sonst offen? Im Kreis der Darmstädter Empfindsamen blüht sie auf. Fort aus der Strenge der Rokokogärten. Ausschwärmen in die ländliche Umgebung. Gespräche in der Abenddämmerung, wenn die Nachtigallen schlagen. Und dann abends allein sein im »Zellchen«, wie ihr Schlafzimmer genannt wird, und im Mondlicht weiterträumen. So hat sie die letzten zwei Jahre verbracht. Manchmal hat sie Erscheinungen. Sie sieht im Mondenschein und Sternenlicht, wie Herder in ihr Zimmer tritt, und spricht laut mit ihm, sagt ihm: »Ich bin ein armes Mädchen. Kein schönes Mädchen.

Kein Mädchen mit Talenten. Kurz, nichts als ein gutes Mädchen, das eine ganze Welt für dich aufopfern kann.«

Was aber wenn – er dieses Opfer gar nicht will?

Jeden Abend stellt sie eine Lilie an ihr Bett – Lilien sind ihre und Herders liebste Blumen – und läßt sich von dem Duft betäuben. Bis wieder die quälenden Gedanken kommen: Warum hat Herder bis jetzt beim Geheimrat Hesse, der Carolines Vormund ist, keinen offiziellen Heiratsantrag gemacht?

Sie weiß, daß seine wirtschaftlichen Verhältnisse ungesichert sind. Er hat ihr aber auch geschrieben, daß sein Freund Matthias Claudius jetzt geheiratet habe. Und dem »schmecke alles Wasser jetzt wie Wein«. Da hat also einer, der ebenso wenig Geld wie Herder hat, den Schritt in die Ehe gewagt, und ist glücklich mit seiner Situation. Warum nimmt Herder sich ihn nicht zum Vorbild?

Ein Gedanke, der Caroline erschreckt, während sie da auf ihrer Grasbank vor sich hin grübelt. Weiß sie denn überhaupt, was »Heirat« für Herder bedeutet? Sie hat die für ihre Zeit kühne Idee, zwischen Mann und Frau könnte es eine andere Beziehung geben als die von Herrschaft, Unterordnung, Eifersucht und Besitz. So aber erlebt sie es bei allen Verwandten und Freunden. In ihrer Phantasie stellt sie sich jedoch vor, daß es eine »Zweieinigkeit« geben könnte, frei von diesen Zwängen.

Unlängst hat sie in Darmstadt Sophie Laroche getroffen, die berühmte Schriftstellerin, ihr »Ideal«, seit sie deren Roman »Das Fräulein von Sternheim« gelesen hat. Einfältig ist sie sich ihr gegenüber vorgekommen. Sie hat die Leichtigkeit beneidet, mit der ihr

Idol auftritt, gleichzeitig aber erscheint sie ihr zu kokett, »eine Hofdame, eine Frau nach der Welt mit tausend kleinen Zieraten«. Im Darmstädter Freundeszirkel hat man sich ablehnend über »die Laroche« geäußert, und Caroline schließt sich dem Urteil an. Nur
hilft ihr das nicht weiter auf der Suche nach einem
eigenen Lebensmuster. Das Schicksal ihrer verheirateten Freundinnen will sie nicht teilen. Als Frau »aus
der Rolle fallen« wie die Dichterin Laroche ebenfalls
nicht. Stattdessen auf die Liebesehe mit einem Mann
warten, der sich nicht öffentlich zu ihr bekennt?
Im August 1772 unternimmt Caroline Flachsland etwas ganz und gar Ungewöhnliches: Sie nimmt ihr
Schicksal selbst in die Hand. Am 7. August 1772 teilt
sie Johann Gottfried Herder mit, daß sie nicht länger
»melancholisch« sei. (Goethe hat ihm von ihrem Ge-
mütszustand berichtet.) Sie werde mit ihrer ältesten
Schwester, der früheren Mätresse des Landgrafen, zu-
sammenziehen.
Es ist erstaunlich, wie entschieden Herder darauf reagiert:

> Kurz, liebe Flachsland, ich verbiete es Dir ernst-
> haft. Meine Umstände können sich so bald ändern:
> Ich kann so flugs bei Ihnen sein: liebe Freundin,
> tun Sie es also nicht.

Mit der nächsten Post meldet ihm Caroline:

> Die Sache mit meiner ältesten Schwester ver-
> schiebt sich... aber sinken darf sie nicht ganz.
> Wenn ich hier aus dem Hause gehe, so ist's meist
> der unglücklichen Person wegen, die, leider, ihren

ganzen Verstand fast verloren hat, und ohne einen rechtschaffenen Mann oder Freund, mit einem einjährigen Mädchen, das ich aus der Taufe gehoben, irrt sie auf die traurigste Art auf der Landstraße und überall herum, und muß zuweilen auf Stroh liegen. Sieh, mein Lieber, soll ich Dir gehorsam oder ungehorsam sein, und hier bleiben oder weggehn, wenn sich die Sache einrichten läßt?

Herders Antwort kommt rasch:

Alsdann könnte sie ja irgendwo wohlfeil und friedlich und unbekannt auf dem Lande leben – aber was Sie, meine liebste Freundin, dabei sollen, sehe ich noch immer nicht... halte, da doch mit Gottes Hilfe die längste Zeit vorüber ist, halte doch die kleine Zeit aus...

Am 22. August wiederholt er noch einmal, sie solle nicht aus dem Haus des Geheimrats Hesse gehen. Ein Heiratsversprechen gibt er ihr zwar immer noch nicht, doch nennt er sie »mein liebes Weibchen« – und fragt an, ob sie den Sohn seiner verstorbenen Schwester (er weiß nicht genau, ob der Junge fünf oder sechs Jahre alt ist) erziehen möchte. Dann erinnert er noch an den 25. August – den Tag, an dem er ihr vor zwei Jahren verstohlen sein erstes Briefchen zugesteckt hat. Er weiß aus Carolines Post, daß sie an diesem Tag an einem Maskenball in Darmstadt teilnimmt, und er bittet sie:

Schleiche dich, o Mädchen, in dieser Zeit wenigstens nur Augenblicke, die muntersten Augen-

blicke, morgens aus, und streue eine Blume, die
Du findest hin, und sieh gen Himmel und denk an
mich und sei, was Du bist: Munter! Leicht! Lustig!

Nein, Caroline ist nicht munter und nicht leicht und
nicht lustig, sie ist von entschiedener Durchsetzungs-
kraft nach den zwei Wartejahren.
Natürlich weiß sie, daß am 25. August Herders Geburtstag und ihrer beider »Vermählungstag« ist, wie
er es so poetisch nennt. Genau das treibt sie zum Handeln.

Ich muß Ihnen einen Zufall entdecken, ewiggeliebtester Freund, und ich zittre, ob ich mir nicht dadurch Ihren Unwillen und Unzufriedenheit über
mich zuziehe,

schreibt sie in der Nacht zum 25. August an ihren
Herder.
Was sie ihm anschließend berichtet, ist ein »Bubenstück«, wie sie noch keines gewagt hat:
Es ist einer dieser lähmenden Abende im Kreis der Familie Hesse. Man sitzt um den Eßtisch. Die Speisen
werden aufgetragen. Geheimrat Hesse, mit seinem typisch schulmeisterlichen Ton, rügt seinen Sohn, der
wieder einmal alles falsch macht. Tagtäglich geht das
so. Jede Mahlzeit wird vom Familienoberhaupt mit
Belehrungen gewürzt. Meistens verschließt Caroline
ihre Ohren, nimmt einfach nicht teil an dem, was um
sie herum geschieht. Doch ihr Magen verkrampft
sich, als jetzt auch sie vom »Herrn des Hauses« angesprochen wird. Heuchlerisch kommt ihr seine Frage
vor, warum sie denn so melancholisch sei.

Ihr ist übel. Und das sagt sie auch ganz laut, springt auf und ruft: »Daß mir im Magen so übel ist, das liegt daran, daß beim Essen immer alle unangenehmen Dinge abgetan werden!«

Damit will sie in ihr Zimmer verschwinden. Das läßt der Geheimrat jedoch ohne Verweis nicht zu. Er tadelt ihr Verhalten. Wer in seinem Haus lebt, hat sich nach seinen Vorstellungen zu richten. Eine von ihm angenommene Waise steht nicht einfach auf und verläßt den Raum, in dem sich die Familie zum Essen versammelt hat. Seine Stimme, sein Gesichtsausdruck – Caroline kann es nicht länger ertragen.

»Ich bin lieber allein in meinem Zimmer als diese verdrießlichen Dinge zu hören, und dafür will ich auch meine Gesundheit nicht aufopfern!« Sie weiß, daß es sich nicht gehört, so dem Vormund zu antworten. Doch sie kann nicht anders. Jetzt fügt sie auch noch hinzu, daß sie mit Schwester Ernestine, der verheirateten Frau Goll, in einem Dorf bei Darmstadt zusammenleben will. Und dann ihr Triumph: »Ich bin mit Herder versprochen!«

Atemlose Stille.

Schwager Hesse kann nicht fassen, mit welcher Kühnheit ihm sein Mündel begegnet. Er ist ihr zugetan – und das soll die Antwort darauf sein?

Die junge Frau ist außer sich. Sie hat keine »Melancholie« und keine »Nervenkrämpfe« – so würde er es gern einordnen – sie weist ihn in seine Schranken. Sie will selbst über ihr Leben bestimmen. Wie soll er darauf antworten?

Daß sie ihn »erniedrigt« hat, schreibt Caroline später an ihren Herder. Daß sie aus »einer Art von Wut« heraus ein Geständnis gemacht habe.

So kleinlaut, betroffen und geradezu demütig hat Caroline den Mann ihrer Schwester noch nie erlebt. Er folgt ihr bis in ihr »Zellchen« und bittet sie, in seinem Haus zu bleiben. Außenstehenden solle sie nichts von dem »Vorfall« erzählen. Ihre »Vereinigung« mit Herder mache ihn glücklich. Beim Essen werde es fortan ruhig zugehen. »Daß er nicht zu meinen Füßen gekrochen und um Verzeihung gebeten, war alles«, notiert Caroline.

Ihr Schwager, der sie so lange gequält und bedrängt hat, bleibt an diesem Tag bis lange nach Mitternacht auf und spricht mit Carolines Schwester über dieses unerhörte Geschehen.

Frühmorgens kommt er in Carolines Zimmer, das »Zellchen«, macht Vorschläge, wie er sie in seinem Haus halten könne. Raum genug gäbe es ja auch für Ernestine, die ehemalige Mätresse, und eine »ansehnliche Summe Geld« habe er auch übrig für sie, Caroline.

> Ob ich mir nicht dadurch Ihren Unwillen und Unzufriedenheit über mich zuziehe?

Carolines Feder fliegt über das Papier, sie berichtet Herder, daß sie ohne sein Wissen ihrer beider Verlobung bekanntgegeben hat:

> Antworten Sie mir so geschwind wie möglich, liebster, ewiger, bester Freund. Ich bin in einer solchen Verlegenheit, bis ich weiß, wie Sie das alles aufnehmen... ich kann nicht ruhig sein.

Sie verbringt bange Tage, bis seine Antwort eintrifft.

Tage, an denen sie herzklopfend auf die fahrende Post wartet. Endlich ein Zeichen. Sie hält einen versiegelten Brief aus Bückeburg in der Hand. Sie schließt sich in ihr Zimmer ein, öffnet das Siegel, faltet die Blätter auseinander, überfliegt die Seiten.

Was ist, ist gut! Meine liebe Flachsland, und da das Liebestäubchen einmal vom Herzen wegflog, im Zorn wegflog (denn Liebestäubchen leiden keinen Zorn!), so wäre es doch nur vergebens, es zurückzulocken. Also, fahr wohl, Vögelchen! Was ist, ist gut!

Caroline atmet auf. Zwar tadelt Herder: »Aber versprochen sind wir ja nicht, böses Mädchen«, zwar nennt er sie »zorniges, armes Kind«. Doch das klingt scherzhaft. Und er fügt gleich hinzu: »Da freut mich doch wieder der nette Frauenzimmerstreich herrlich.« In aller Stille habe er um ihre Hand anhalten wollen, heißt es weiter in seinem Brief (*wann*, hat er nicht dazugeschrieben). Aber nun... Caroline hat ihn zum Handeln gedrängt.

Die Verbindung von Liebe und Ehe: Caroline ist eine ausgeprägte Persönlichkeit, sie hat Erwartungen an die Ehe. Sie kann sich ein gleichberechtigtes Zusammenleben von Mann und Frau vorstellen.

Mit einer Einschränkung allerdings: Sie möchte auf gar keinen Fall als »gelehrtes Frauenzimmer« gelten! Als ihr Bräutigam sie für ein feinsinniges Literatururteil lobt, antwortet sie ihm empört:

Warum heißt du mich Kunstrichterin? Habe ich jemals eine solche Mißgeburt von Frauenzimmer sein wollen? War ich's? Oder bin ich's gar? Nein, das wäre abscheulich. Ich würde kein Buch mehr ansehen, wenn ich eine Kunstrichterin oder gar ein gelehrtes Frauenzimmer dadurch würde. Behüt uns, lieber Herre Gott!

Das scheint so gar nicht zu der selbständig handelnden jungen Frau zu passen. Doch Caroline weiß nur zu genau, was ihr zukünftiger Ehemann von ihr erwartet. Herder folgt damit den Interessen Rousseaus:

Eine schöngeistige Frau ist die Geißel ihres Mannes, ihrer Kinder, ihrer Freunde, ihrer Diener... aller Welt... Außerhalb ihres Hauses wirkt sie überall lächerlich und setzt sich einer sehr gerechten Kritik aus, denn diese kann nicht ausbleiben, wenn sie den Stand verläßt und einen annehmen möchte, für den sie nicht geschaffen ist... Ihre Würde ist es, nicht gekannt zu sein; ihre Ehre ist die Achtung ihres Mannes; ihre Freuden liegen im Glück ihrer Familie.

Die Frau ist »Ergänzung« des Mannes. Als »Zierde der menschlichen Schöpfung« wird sie gesehen, als »Reiz der menschlichen Natur«. Ihrer »Natur« gemäß müsse sie leben, denn ihre »Unnatur« sei »tausendmal fühlbarer«, schreibt Herder seiner Braut Caroline.
Und Caroline stimmt zu. Welche Frau will schon »gegen die Natur« handeln, als »unnatürlich«, »unweiblich« gelten?
Caroline beeilt sich, ihrem Verlobten zu versichern, sie wolle nichts weiter als seine »liebe Haushälterin«

sein, eine »Mithelferin«. Als sie einmal in Mannheim die Oper besucht, entschuldigt sie sich regelrecht dafür, daß sie sich dieser »elenden, elenden Kunst mit lauter gemalten Menschen, Leinwand und Pappdeckel« hingegeben habe, auch das Ballett sei »unausstehlich«, und Herder bestätigt sie in ihrem Urteil: Ja, in der Oper sei alles »Gaukelspiel«, man könne kein ganzes Drama in musikalische Bilder kleiden. Und überdies solle sie keine »Dame werden, die auch Welt gesehen hat und Opern, Masken und Antiqitäten besucht«.

Dieser Winter ist öde, kalt und einsam für Caroline. Sie deutet das oft in ihren Briefen an Herder an. Doch wenn er der Ansicht ist, sie solle keine Zerstreuung außerhalb des Hauses suchen, wird sie nicht gegen seinen Willen handeln.

Eigene Wünsche und Hoffnungen? Caroline steckt sie – vorerst – zurück.

Vorüber ist die Zeit, in der gleichaltrige junge Männer sie wie eine Partnerin behandelt haben. Goethe, der oft herüberkommt und bei Freund Merck zeichnet und Kupfer sticht, behandelt sie, die nun offiziell Herders Braut ist, wie eine Fremde.

Er ist rückhaltender als jemals und spricht in Gegenwart Mercks in einem wunderlichen Ton mit mir ... Ich bin wie ein Ball, oft ganz nah – und wieder weit weg von ihm.

Große Fremdheit. Zwei Welten.
Wie lange ist es her, daß sie tropfnaß im Mairegen unter einem Baum standen und übermütige Lieder sangen?

Nun, in der Brautzeit, gehört Caroline in eine andere Welt. Die Schwester führt sie ein in das Hauswesen. Caroline wird keinen reichen Mann heiraten. Also muß sie davon ausgehen, daß sie vieles im Haushalt selbst zu erledigen hat. Aber auch wenn sie sich in ihrer Ehe einen großzügigeren Lebensstil leisten könnten, mit Köchin, Gärtner und mehreren Dienstboten – die Aufsicht über Küche, Keller, das ganze Hauswesen, die Einteilung der Arbeiten der Dienstboten – das ist nun einmal Aufgabe der Hausfrau, und das will gelernt sein.

Die Wäsche wird im Haus gewaschen, die Seife im Haus selbst gesotten, das Talglicht gegossen. Alle Vorräte für den Winter – vom einfachen Dörren bis zum komplizierten Gelee – werden von Hand präpariert. Es gilt als Zeichen schlechter Wirtschaft, wenn Näharbeit aus dem Haus gegeben wird. Andererseits soll eine Braut gefüllte Wäscheschränke mit in die Ehe bringen. Caroline, die bislang unbeschwert in ihrem Freundeszirkel geschwärmt hat, wird nun von der großen Schwester in die »Welt der Frauen« eingeführt. Beim gemeinsamen Handarbeiten gesteht Caroline der älteren Schwester, daß sie neuerdings nur noch unruhig schlafen könne, daß sie stundenlang wach liege. Friederike tröstet sie. So sei nun einmal die Brautzeit.

Aus Bückeburg kommt Post. Caroline solle sich »nichts einreden lassen von den sonderbaren Leuten, die Goethe und Merck heißen«, schreibt Herder.

Doch Caroline läßt sich gar nichts einreden von ihren Freunden Goethe und Merck. Im Gegenteil, sie leidet darunter, daß die beiden sich von ihr zurückziehen. Auch das sei typisch für die Brautzeit, sagt die ältere

Schwester, von da an lebten Männer und Frauen in getrennten Welten.

»Kuß und Gruß an Dich, Schwesterlein, die noch keine Frau ist«, hat Herder seinen Brief beendet.

Noch ist sie »Schwesterlein« und keine »Frau«. Heißt das, daß sie sich noch nicht ganz unterordnen muß – demnächst aber wohl?

Friederike zerstreut ihre Bedenken. Ohne Erfolg. Carolines Nächte bleiben unruhig. Sie sehnt sich nach der Ehe – und fürchtet sich vor diesem Lebenseinschnitt. Cornelia Goethe geht es ebenso. »Unser Schicksal ist in allem so gleich«, hat Cornelia zu ihr gesagt.

Beide Freundinnen weden im Jahr 1773 heiraten. Jetzt fühlen sie sich in einem »Schwebezustand«. Könnte ein Mann das verstehen?

»Liebestes, edelstes Mädchen, was ist in Deiner Seele? Welche Schatten! Welche Phantome!« Das schreibt Herder Ende Februar 1773 aus Bückeburg an seine Braut.

Caroline, die ihre Unruhe betäuben will, hat inzwischen begonnen, eine ganz praktische Aufgabe zu erledigen. Dem Landgrafen hat sie mitgeteilt, daß sie, seine »untertänigste Magd Caroline Flachsland«, die Erlaubnis zur Eheschließung mit Johann Gottfried Herder wünsche: »Ich überwinde mich, es Euer Hochfürstlichen Durchlaucht in Untertänigkeit zu berichten, und um höchste gnädige Einwilligung untertanigst zu bitten.«

Eine Form muß eingehalten werden, und danach richtet sich Caroline, ehe sie in allzu großes Wehleid versinkt.

Ganz praktisch auch ihre Suche nach einem Ehebett,

wie es Herder vorschwebt: mit »einem Vorhang ums Bett«, mit »Woll und Pferdhaar und Federn ins Bett« – Caroline rechnet, wie teuer das wird für zwei Matratzen und für die Kissen, und wie sich alles Zubehör »wohlfeil« nach Bückeburg bringen läßt. Da zeigt sie sich von einer eher nüchternen Seite, als wollte sie sagen: »Geschwärmt haben wir genug.«

Eine »wunderselige« Zeit geht zu Ende. Es ist merkwürdig, was in diesem April 1773 geschieht: Die Trauung ist für den 2. Mai 1773 festgesetzt. Den Trauschein hat sie schon, auch die zustimmende Antwort des Grafen. Alle »Brautgeschäfte« sind erledigt. Da erfährt sie, daß ihre Freundin »Urania« gestorben ist. Ein Zeichen, daß die Zeit ihres Darmstädter Freundeskreises ohnehin zu Ende gegangen ist?

Gleichzeitig erlebt der Freund Goethe, wie Lotte Buff, in die er sich in Wetzlar verliebt hat, den Juristen Kestner heiratet. Seine Schwester Cornelia hat mit der Aussteuer zu tun, beginnt mit der Anschaffung von Möbeln und Hausrat wie Johann Gottfried und Caroline. Alle richten sich ein für ein häuslich-bequemes Leben. Nur Goethe nicht.

Er, der »Wanderer«, läuft am 16. April zu Fuß von Frankfurt nach Darmstadt, hat seinen Hut geschmückt mit den Resten des Brautstraußes seiner geliebten Lotte, die er im »Werther« verewigen wird. Jetzt also führt auch Herder seine Braut, Caroline, heim, und Goethe ist Hochzeitsgast. Mit sich trägt er Spottverse, die er als Polterabendstück zur Hochzeit von Caroline und Johann Gottfried Herder vortragen wird. Kränken will er die Freunde damit nicht. Eher sich selbst – und gleichzeitig allen Zuhörern – beweisen, wie wenig er vom Hochzeitmachen hält. Er wird dieses Polterabendstück, »Pater Brey«, 1788 in seine »Gesammelten Werke« aufnehmen und damit Carolines (und Herders) Zorn erregen.

Herder, das wird er später immer wieder neu bestätigen, ist für ihn der einzige Lehrmeister gewesen, den er je in seinem Leben akzeptiert hat. Für Herder, der ihm mitunter wie ein »intoleranter Pfaffe« vorkommt, ist die Eheschließung mit Demoiselle Flachsland mit Sicherheit ein großer Segen im weiteren Leben. Für ihn, Goethe, gelten andere Maßstäbe. Sätze, Bilder, Verse laufen ihm durch den Kopf, während er nach Darmstadt zu Herders Hochzeit wandert.

Caroline indessen, Caroline Flachsland, die nun bald Caroline Herder heißen wird, weint in den Armen ihrer Schwester. Von Abschied solle keine Rede sein, sagt sie, Friederike sei ihr jederzeit willkommen, doch die Tränen ersticken ihre Stimme.

In der Abendröte des 2. Mai 1773 werden sie getraut: Johann Gottfried und Caroline. Zwei Menschen, die sich über Monate hinweg Briefe geschrieben haben – und die nun das Zusammenleben im Alltag kennenlernen werden.

Gemeinsamer Beginn in Bückeburg

Es kann nicht anders sein, als daß die erste Zeit etwas wüste umher ist: so war's auch den ersten
Sommer und Herbst meinem Engelsweibe! Ein Zustand, an den sie und ich mit Dank zurückdenken,
daß ihn Gott geendet. Es kann nicht anders sein,
als daß wenn zwo Lauten zusammen kommen, sie
zusammen müssen gestimmt werden, und die
Stimmung dauert und zieht an, bis sie sich sanft
auflöset. Das ist kein Gleichnis, sondern Wahrheit
der Sache: man fühlt sie durch Mark und Bein.

So beschreibt Johann Gottfried Herder seinem Verleger – Freund Hartknoch – sein erstes Ehejahr.
Caroline, das »Engelsweib«, wird in der ersten Zeit
ihrer Ehe oft Heimweh gehabt haben nach Darmstadt. Es ist auffällig, daß Herder nur beschreibt, wie
»wüste« *ihr* zumute ist. *Sie* hat die Aufgabe, sich nach
seinen Wünschen und Vorstellungen zu richten. So ist
die Ehe nun einmal gemeint. Caroline hat geglaubt,
nun sei sie den Zwängen und Vorschriften ihres
Schwagers entronnen. Aber sie merkt, daß es sich
nur um einen Wechsel handelt. Statt des Schwagers
ist nun der Ehemann ihr Vormund. Fügt sie sich
ihm?
Ja und nein: Sie entwickelt ihre Art von *Weiblichkeit*.

Jahre später wird eine andere Caroline – Caroline Schlegel-Schelling – über sie urteilen, die Madam Herder sei so gar nicht »sanft und weiblich«. Und ein anderer Zeitgenosse – Friedrich von Schiller – wird berichten:

Herder und seine Frau leben in einer egoistischen Einsamkeit und bilden zusammen eine Art von heiliger Zweieinigkeit, von der sie jeden Erdensohn ausschließen. Aber weil beide stolz, beide heftig sind, so stößt diese Gottheit zuweilen unter sich selbst aneinander. Wenn sie also in Unfrieden geraten sind, so wohnen beide abgesondert in ihren Etagen, und Briefe laufen Treppe auf, Treppe nieder, bis sich endlich die Frau entschließt, in eigener Person in ihres Ehegemahls Zimmer zu treten, wo sie eine Stelle aus seinen Schriften rezitiert, mit den Worten: »Wer das gemacht hat, muß ein Gott sein, und auf den kann niemand zürnen« – dann fällt ihr der besiegte Herder um den Hals, und die Fehde hat ein Ende.

»...bis sich endlich die Frau entschließt« – Caroline also tut den ersten Schritt. Aber erst dann, wenn sie – »Briefe laufen Treppe auf, Treppe nieder« – unumwunden ihre Meinung geäußert hat.
Schon im ersten Ehejahr »duckt« sie sich nicht. Sie zieht sich zurück, wenn sie gekränkt ist. Sie leidet unter seinen »grämlichen« Stimmungen. Aber das teilt sie ihm auch mit.
Die Ehe mit Herder ist ihr von niemand diktiert worden. Sie hat ihn gewählt. Ein Gedanke, der sie wachhält. Auch in der Verzweiflung, die sie mitunter über-

kommt. Zum Beispiel wegen Geldsorgen, immer wieder Geldsorgen. Oder wegen ihres Mannes, der im »Nest« Bückeburg nicht die Anerkennung findet, die er braucht, der nach Höherem strebt. Und wo bleiben ihre, Carolines, Wünsche und Sehnsüchte?

Sie hat Heimweh nach der unbeschwerten Zeit in Darmstadt, nach dem Freundschaftszirkel...

Ob Caroline ahnt, wie es der Darmstädter Prinzessin Luise geht? Einen Tag nach Carolines Hochzeit wird das junge Mädchen, knapp 17 Jahre alt, mit ihren zwei Schwestern und der Mutter auf »Brautschau« nach Petersburg geschickt. Goethe, der gerade von Herders Hochzeit zurückkommt, hat sie auf der Frankfurter Zeil in der Kutsche gesehen: „Schlank und leicht sah ich sie dort in den Wagen steigen, der sie nach Rußland brachte.«

Luises ältere Schwester bleibt in Rußland, wird in Petersburg Gattin des späteren Paul I. Luise wird mit dem jungen Erbprinzen von Sachsen-Weimar vermählt. Die Höfe verhandeln über sie, das scheue, verschlossene Mädchen. Sie muß sich fügen. Carl-August heißt ihr zukünftiger Gatte.

Bei der Hochzeit ist sie »merkwürdig aufgeregt«. Sie bittet darum, daß die Einsegnung der Ehe erst gegen Abend, nicht zur Mittagszeit stattfinde. Am Ende der Zeremonie bricht die junge Braut zusammen, wirft sich unter einem Strom von Tränen in die Arme ihrer Schwester. Dann wird sie zu Bett gebracht, und der Markgraf führt Carl August, den Gatten, zu ihr.

Sie hätten Mitleid mit mir gehabt, wenn Sie mich an dem Tag gesehen hätten, ich war in heftigstem Zustand. Und ich danke Gott, daß es vorüber ist.

So beschreibt die junge Darmstädterin später ihre Hochzeit. Lieber wäre sie ins Kloster gegangen. Doch nach ihren Wünschen fragt niemand. Sie wird regierende Herzogin in Weimar. Daß sie schon während ihrer »Zwangsverlobung« heimlich Herder-Gedichte in ihrem Portefeuille mit sich trägt, ahnt ihr Bräutigam nicht. Für das Ehepaar Herder und Goethe wird sie in Weimar eine wichtige Rolle spielen.

Aber das wissen sie nicht in diesem Sommer 1774. In diesem Sommer, in dem Caroline ihr erstes Kind erwartet, in dem Goethe am »Werther« arbeitet. Noch deutet nichts darauf hin, wie eng sich ihre Wege miteinander verbinden werden.

Caroline ist schwanger. Anfang September soll das Kind zur Welt kommen. Für Frauen ihrer Zeit ist der Tod im Kindbett eine Alltäglichkeit. Caroline jedoch verscheucht alle ängstlichen Gedanken. Da läuft sie durch ihren Garten, der ans Bückeburger Pfarrhaus grenzt, trägt einen weißen Hut und ein rotes Halstuch – Geschenke von Herders Verleger Hartknoch –, ist von der Sonne gebräunt und strahlt Lebenslust aus. Sie schwatzt mit ihren beiden Nachbarinnen, Frau Westfeld und Frau von Beschefer. Letztere wird ihr in ihrer schweren Stunde zur Seite stehen. Caroline, die innige Frauenfreundschaften aus ihrer Darmstädter Zeit kennt, hat sich eng an die Nachbarinnen angeschlossen.

Auch ihr Verhältnis zu Gräfin Maria, Herders »Seelenfreundin«, ist jetzt herzlich. Obwohl natürlich das höfische Protokoll zwischen ihnen steht. Gräfin Maria hat – zur Enttäuschung ihres Mannes – »nur« eine Tochter zur Welt gebracht, nicht den erhofften Sohn und Erben.

Caroline stellt sich vor, daß ihr Kind ein Bub wird. Überhaupt will sie nur Buben zur Welt bringen: »wilde, mutige, freudige Buben«. Schon als Kind hat sie ja am liebsten mit Buben gespielt, und das kommt ihr nun immer wieder in den Sinn. Vielleicht, so denkt sie bisweilen, ist es für eine Mutter auch viel leichter, einen Knaben zu erziehen.

Es ist kein Wunder, daß sie so denkt. Viele Frauen ihrer Zeit vergöttern ihre Söhne geradezu und verhalten sich den Töchtern gegenüber sehr kühl. So nennt zum Beispiel die Frau Rat Goethe ihren Johann Wolfgang zärtlich »Hätschelhans«, auch als er längst schon erwachsen ist. Die Tochter Cornelia aber ist seit dem Tag ihrer Eheschließung mit Johann Georg Schlosser nur noch »die Schlossern« für sie. Eine Frau gehört nie sich selbst. Die Tochter wird wie die Mutter irgendwann einmal einem Mann gehören und sich ihm unterordnen. Einem Sohn aber gehört die Welt. In ihm lassen sich alle Wünsche verwirklichen, die sich für eine Frau nicht gehören. Caroline also wünscht sich einen Buben.

Sie findet es ganz richtig, daß ihr Mann im letzten Monat ihrer Schwangerschaft zu einer Badekur nach Pyrmont reist. »Kleines Halbmütterchen« nennt er sie während der Schwangerschaft. Das ist zärtlich und liebevoll gemeint. Warum nur quälen ihn immer wieder depressive Stimmungen? Caroline kann sie nicht vertreiben. Sie fühlt sich so leicht, so eins mit der Welt, seit sie ein Kind erwartet; verstehen können das nur die Frauen, mit denen sie sich trifft.

Nun hat Verleger Hartknoch wieder einen Vorschuß überwiesen; damit kann Herder die Badekur planen. »Ich versteh mich oft selbst nicht«, hat Herder zu seiner jungen Frau vor der Abreise gesagt. Da sei so eine »Schwere« in ihm, die ihn oftmals niederdrücke. Sein Freund Goethe sei ein hellstrahlender Spiegel des Universums, er selbst eine dunkle Scherbe. Die Badekur bringt keine Besserung. Herder fühlt sich »tief, tief niedergeworfen«.

Am 28. August 1774 wird er zum ersten Mal Vater: am Geburtstag seines Freundes Goethe. Als er seinen Sohn sieht – einen »schwarzköpfigen Buben« – fühlt er sich selbst »wiedergeboren«. Alles Schwere ist von ihm gewichen.

Seinem Freund Heyne, Professor an der Göttinger Universität, teilt er freudig mit:

Der Himmel hat uns mit einem lieben, gesunden, schwarzköpfigen Buben erfreuet. Über alle unsere Erwartungen, wann und wie er ankam! Wir glaubten noch hinter einem langen Monate: mein Weiblein war bis auf die letzte Stunde tätig, munter und ohne Sorge; waren eben zum Besuch, da klopfte Lucina (die Geburtsgöttin)! Es ward für Blähung gehalten, bis (aber mit aller Hilfe und gutem ritterlichem Streben der Mutter) das Knäblein auf dem Schoß lag – ähnlich seinem Vater, wie Bild und Abbild, und befindet sich auf diese Stunde mit seiner Mutter ganz in einem Elemente. Die Mutter, die sich wie ein Weib und Mutter beträgt, nährt ihn, ohne die mindeste Anwandlung von Kopfweh, Nachweh, Milchfieber etc. mit gesunder Milch; die saugt er fröhlich wie ein junges Kalb und sträubt gegen seine ersten Naturprüfungen wie ein Löwe – schläft die Nächte hindurch wie die Ruhe selbst.

Caroline und Johann Gottfried als junge Eltern in Bückeburg: Bald haben sie drei Buben. Herder holt, wie schon lange geplant, den Sohn seiner Schwester ins Haus. Und Caroline wird im August 1776 wieder Mutter, »Bubenmutter«, genau wie sie sich's gewünscht hat. Der zweitgeborene Sohn wird August getauft. Nach einem fröhlichen Beisammensein mit Freunden kommt er zur Welt, schreibt Herder. Zuerst habe man »an Schmerzen aus Gurkensalat« geglaubt, aber:

Bald darauf kam der kleine Trimpel, der mit Kopf und Händchen zugleich heraus wollte und also seinen Eingang in die Welt sich selbst erschwerte. Mutter und Kind waren matt, aber mit dem Tage brachen sie beide auf wie Rosen, und ich ging in die Kirche zu meiner Predigt schon mit voller Freude. Beide befinden sich herrlich, die Mutter ist ganz gesund und hält sich nur noch der Vorsicht halber im Bett... Mutter und Kind sind auch so ein Stück zusammen, daß es eine Lust ist zu sehen, wie eins am anderen gedeiht.

Paten beim zweiten Sohn sind Matthias Claudius, Johann Georg Hamann, Carolines Bruder Sigmund, die Nachbarin Frau von Beschefer – und Johann Wolfgang Goethe.
Ahnungsvoll schreibt der freudig gestimmte Vater nach der Geburt:

So seid Ihr denn gepaart, Genies aus aller Welt Ende und der Junge müßte Kraft seiner Paten ein Tollkopf werden, wenn nicht, wie ich hoffe, die

Bildung der Mutter ihn vor solchem Unwesen gütig bewahret.

Goethe hat inzwischen eine Einladung nach Weimar erhalten; er trägt den Titel »Geheimer Legationssekretär«. Und in seiner Familie hat sich etwas ereignet: Seine Schwester Cornelia, die verheiratete Frau Schlosser, hat ihn zum Onkel gemacht. Maria Anna Louisa heißt seine Nichte. Er nimmt das nur oberflächlich zur Kenntnis. Eher interessiert ihn die Patenschaft für Herders zweiten Sohn. Ja, um dessen Ausbildung will er sich später kümmern; das ist wichtiger als ein neugeborenes Mädchen in der Verwandtschaft.

»Denken Sie manchmal an uns!« schreibt Cornelia an Caroline, erinnert die Freundin an den Zirkel der Empfindsamen in Darmstadt: »Sophie«. »Urania«. »Lila«. »Psyche«. Wie weit liegt das zurück...

Caroline ist ganz und gar beschäftigt mit den drei Buben im Pfarrhaus. Gottfried fängt schon an zu sprechen. »Tutterpapper«, sagt er und meint »Zuckerzwieback« damit. Er jagt Schmetterlinge und will die Buchstaben kennenlernen. Mit dem Vater trinkt er Heilwasser aus Pyrmont, mit ihm tobt er durch die Räume im Pfarrhaus. Da ist nichts mehr zu spüren von den trüben Gedanken, die Johann Gottfried schon so oft niedergedrückt haben.

Sie spielen gerne mit Wörtern, Herder, seine Frau und die Kinder. Er, der so fasziniert von ursprünglicher Sprache ist, erlebt mit, wie Kinder sich ihr eigenes Wortfeld erobern. Manchmal sitzen sie in der Abenddämmerung beieinander, und Herder erzählt von seiner Arbeit, macht Sprache lebendig. Von letti-

schen Liedern erzählt er, die er als Prediger in Riga gehört und gesammelt hat:

Es, pa zellu raudadams
gahju, tewi mekledams

heißt es in einem Liebeslied, das er vorträgt, und für
die Kinder sind das Zauberwörter. Von alten Rätseln
berichtet er, die in Lettland »mihkla« heißen. Eines
der ältesten von allen, die er gesammelt und veröffentlicht hat, geht so:

Ich keimte! Als ich gekeimt hatte, wuchs ich.
Als ich gewachsen war, ward ich ein Mädchen.
Als ich ein Mädchen geworden war, ward ich eine
junge Frau.
Als ich eine junge Frau geworden war, ward ich
ein altes Weib.
Als ich ein altes Weib geworden war, bekam ich
erst Augen.
Durch diese Augen kroch ich selbst heraus.

Die Antwort heißt: »der Mohnkopf«.
In den Bildern wird geschildert, wie die Mohnblüte
blaß und welk wird, schließlich ganz abfällt, bis der
Samen im Mohnkopf durch die Samenlöcher heraus-
fällt.
Caroline hat das Rätsel nicht lösen können. Aber sie
genießt die Abende, wenn ihr Mann sich ihr so ganz
öffnet, wenn er von seiner Arbeit erzählt, von den Bü-
chern, an denen er neben seinem Hauptberuf arbeitet.
Ganz nah sind sie sich in solchen Augenblicken. Auch
die Kinder, die Sprache erst ganz neu für sich entdek-

ken, gehören dazu. »Die lettische Sprache«, sagt Herder an einem dieser Abende zu ihr, »klingt wie ein Tischglöckchen, die deutsche aber wie eine Kirchenglocke«.

Daß er selber darunter leidet, immer wieder »schwer wie eine Kichenglocke« zu sein, nicht »hell wie ein Tischglöckchen« – sie weiß es doch längst. Aber sie hofft auf die Zukunft.

Auf eine Zukunft in Weimar, wo inzwischen Goethe residiert – und der setzt alles daran, seinen Freund Herder mit Familie aus Bückeburg nach Weimar zu holen.

Es wirkt zeichenhaft für Psyche und Amor in Bückeburg, daß Gräfin Maria Eleonore an ihrem 33. Geburtstag, am 16. Juni 1776, stirbt, und ihre Beisetzung am 7. September die vorletzte Amtshandlung Herders ist, bevor er mit Caroline und den Söhnen nach Weimar zieht.

Am 15. September hält er seine Abschiedspredigt und kommt erstaunlich offen auf seine Beziehung zur verstorbenen Gräfin zu sprechen:

Gott ist Zeuge meiner Torheit, wie oft ich mich von hier wegwünschte, weil ich hier so gar, gar nichts sahe, wozu ich gut wäre. Und da – warum soll ich nicht, da jetzt kein parteiisches Lob mehr stattfinden kann – da sie hin ist und ich in kurzem auch von hier hin sein werde – da erweckte Gott das Herz unserer teuren verblichnen Landesmutter, die recht als ein Engel zu mir trat, und mir den Mut gab, den ich in mir vergebens suchte... um durch sie getröstet, gestärkt, aufgemuntert, erleuchtet und 1000fach belehrt zu werden..., sie

Gräfin Maria von Schaumburg-Lippe
Gemälde von Johann Georg Ziesenis. Berlin, Deutsches Museum

mir meine ganze Gemeinde war, daß ich durch sie
soviel Wohltaten auch für meine Seele und mein
Herz (erfuhr)... durch ihre aufgeklärte, von Unnatur, Aberglaube und Schwärmerei so entfernte Religion des Herzens und der Tat, durch ihre Stille
und dauernde Unterwerfung unter Gottes Willen,
daß sie mir durch dies Alles die größte Wohltat mei-

nes Aufenthaltes hieselbst worden ist und daß ich noch große Verantwortung schuldig würde, wenn ich ihr edles Wort, Rat, Vorbild, Beispiel unangewendet und ungenützt lassen sollte. Die Gottheit hat es gefügt, daß ich mein Amt hieselbst beschließen sollte, da sie ihr Leben beschloß; 3 Tage vor ihrem Ende bekam ich meinen Ruf und jetzt wenige Tage nach ihrer Beerdigung halte ich hier die Leichenrede auf mich selbst, auf meinen elenden Leichnam von Amt in dieser Stadt und in diesem Lande...

Tatsächlich haben die Herders eine Freundin in der Gräfin gefunden. Schon als Johann Gottfried noch alleine in Bückeburg gelebt hat, noch unverheiratet, hat er (trotz eigener Vorurteile) ein recht herzliches Verhältnis zur Gräfin entwickelt, jenseits aller Etikette und höfischer Konvention.
An Caroline hat er damals geschrieben:

Die hiesige regierende Gräfin – wollen Sie sich ein Bild der Carita, der Sanftmut, Liebe und Engelsdemut in eine Person denken, so denken Sie sich sie. Sie hat sonderbare Schicksale ihres Lebens gehabt... eine verlassene Waise von Kindheit an; sie ist unter andre, Verwandte, Freunde weggekommen, nach Magdeburg, Schlesien – da ist sie Pietisten und dergleichen in die Hände gefallen, und ein weiches fühlbares Herz, hinter solchen Umständen: Sie können sich, geliebte Freundin, die Eindrücke selbst denken.
Der Herr (Graf) hat sie darauf auf ihr Porträt geheuratet (1765), und so lernte ich sie kennen... Ich

glaubte, daß ihr nach ihrer Denkart weder ich noch meine Predigten gefallen könnten... ja daß Sie überdem teils Einmal meinen Besuch nicht annahm, teils aus andern Ursachen fing ich mich gar an zu ärgern und – denken Sie nun, wie ich mich betrogen fand, da sie im Anfange dieses Jahres unter einem gelinden Vorwande (Übersendung des üblichen Neujahrgeschenks) Gelegenheit suchte, selbst an mich zu schreiben. Und einen Brief von solcher Denkart, Vernunft, und guten Herzens und süßer Seele – wer war mehr vom Himmel gefallen, als ich. Ich konnte Alles, Alles in der Welt denken, was ihr der Schritt gekostet (alle Förmlichkeit der Etikette durchbrechend!) – und da ich nun so heillos meinen Irrtum sahe, wer war verlegner als ich. Ich antwortete ihr gleich (fast alle seine Briefe hat die Gräfin vor ihrem Tod vernichtet, die ihrigen sind ab 1773 erhalten), sagte ihr alles Unnütze, wozu ich hier wäre, und – o Gott, Sie können nicht denken, wie ich sie den Abend drauf, zum Concert eingeladen, fand. So schüchtern! so unruhig wie sie im Zimmer umherging – der Graf hielt mir darauf eine lange Philosophisch moralische Predigt, und entweder weil ich nun hörsamer und faßlicher war, oder weil sie ihm davon gesagt oder den Brief gezeigt haben muß – kurz er ist ganz anders. Ich habe sie darauf besucht. Sie hatte die Sternheim gelesen (der Roman »Fräulein von Sternheim« von Sophie La Roche). Sie bat mich sehr ihr eine Predigt zu geben... Ihre sanfte holdselige Miene da vor mir – ich habe lange nicht süßere Stunden gehabt, als da ich ihr die Predigt abschrieb... Ich habe noch nie auf der Welt einen

Charakter leiden können, der Andacht zum Zuge hatte – aber jetzt sehe ich, was es auch in der Mischung für schöne, recht überirdische Seelen geben könne. Ihr Bild steht vor mir: sie hat gleichsam durchaus die Miene, daß sie für diese Welt zu gut ist: sie ist zart und schwächlich: seit ihrem Kindbette (nicht der vom Grafen erhoffte Sohn und Erbe, sondern die Tochter war am 30. Juni geboren worden) liegt eine kleine Bläße auf ihrem Gesicht, die mir wie ein himmlischer Schleier erscheint, daß sie schon zu einer schönern Welt eingeweiht ist – So kommt sie mir immer vor, wenn ich sie ansehe. Sie wird nicht lange leben –

O Himmel, wie hab ich gewünscht, ihr den Messias doch vorlesen zu können! nur oft mit ihr sprechen zu können! Aber das geht nicht an!... Sie können sich hier den Zustand nicht vorstellen. Bei allem wahrhaftig Großen und Guten des Herrn ist er in manchem Betracht abscheulich. Mir bleibt also nur übrig, von der Kanzel mit ihr zu reden, oder sonst so viel, als lange man am Hofe Komplimente wechselt, und da im Kreise von Hofdame, Gesellschaft – was ist da zu sprechen... Bin ich nicht ein Tor, daß ich Ihnen von Einer Sache, die Ihnen vielleicht Kleinigkeit ist, so lang schreibe; setzen Sie sich aber in meine Stelle – so lange in Dürftigkeit und Einöde... – und dann einen solchen Engel zu finden, wo man's nicht sahe, der vor einem stand und es dorfte nur gleichsam Eine Wolke zerfließen – ist das nicht süß? – Ich will ihr einige Stunden widmen und was über die »Unsterblichkeit der Seele, über das Vorgefühl eines künftigen Lebens schon in dieser Welt« in Form einiger So-

kratischen Gespräche schreiben... Wären Sie hier:
so glaube ich, würde sie eine Freundin an Ihnen haben, wie sie noch nicht viele im Leben gehabt –
aber ich schwatze – werfen Sie gleich den Brief
fort; wie vieler Mißdeutung wäre er fähig.

Wie reagiert nun Caroline auf die Mitteilung, daß ihr
unglücklicher Verlobter in Bückeburg eine »Seelen-
trösterin« gefunden hat?

Die Geschichte und Vorfall mit der vortrefflichen
Gräfin hat mich außerordentlich gerührt (das traue
mir doch zu, bester Herder, und sage nie, daß es
vielleicht eine Kleinigkeit für mich ist.) O mir ist's
gewiß nicht Kleines vom Bettler an bis zur Fürstin
eine schöne menschliche Seele zu finden... O tröstet Euch zusammen. Ihr Himmelskinder. Gott hat
Euch einander gegeben, Euch zu trösten, in den sei-
denen Zimmern des Hofs eine solche EngelsSeele!
Ich kann Ihnen nicht sagen, wie rührend das
blasse, leidende, schüchterne Bild der Gräfin mit
der süssen Seele sich mir eingedrückt – die arme
Waise hat den Himmel zu ihrem Vater – ach Gott!
ist das nicht natürlich, im Himmel zu suchen, was
man auf der Erde nicht hat. Die gute Heilige! zeigen Sie ihr einen recht schönen Himmel, den sie
für Alles in der Welt umarmen kann... O vergessen Sie's nicht mir's zu schicken, wenn Sie es gelesen hat. Es ist mir noch keine Geschichte so ans
Herz gegangen wie diese. Wir sind gewiß Freundinnen, ich drücke sie so innig, so herzlich an mich
als keine Gräfin, denn das ist sie gewiß nicht. Ach
Gott! könnten wir drei doch zusammen sein, die

Türen verschliessen und Freunde sein – ach wie bedaure ich Sie als armer CanzelFreund!

Caroline ist gerührt und nimmt Anteil am Schicksal der Gräfin, denn was es bedeutet, eine Waise zu sein, weiß Caroline nur zu genau.
Doch gibt es nicht neben dem Mitgefühl mit der Waise Maria noch einen anderen Ton in ihrem Brief? Einen leisen Unterton, der nach Eifersucht klingt? Caroline wartet in Darmstadt, während eine andere Frau in Bückeburg es übernimmt, ihren Verlobten zu trösten. Aber es ist nicht nur Eifersucht, es ist auch die Angst der Waise Caroline, wieder einen geliebten Menschen zu verlieren.

Wenn Du nicht in die Gräfin verliebt wärest, so wärst Du ein Erdenklos! Du weißt nicht einmal, wie viel Erlaubnis ich Dir schon dazu gegeben: nur Dein Herz entwende mir niemals ganz – was hätte ich denn sonst auf der Welt? Dann wär's gut, in den Mond zu weinen und heim zu gehen.

Und was dann als Nachsatz folgt, ist eine ganz klare Drohung:

...ich könnte Dir auch zwei Zettelchen von Goethe zeigen, aber ich tu's auch nicht.

Hier zieht Caroline eine Grenze, sie wird nicht alles akzeptieren. Es gibt auch noch andere Männer...
Doch später, als Caroline Flachsland als Ehefrau Johann Gottfried Herders in Bückeburg lebt, entwickelt sich zwischen den beiden Frauen ein herzliches

Verhältnis. Ihre Freundschaft bewährt sich auch in schwieriger Zeit, denn als am 18. Juni 1774 das einzige Kind Gräfin Marias stirbt, nimmt sie sich der werdenden Mutter Caroline an und wird Patin bei dem am 28. August Erstgeborenen, Gottfried. Den Verlobten hilft sie mit einem Geldgeschenk, und als Herder ein anonymes Wäschepaket mit eingesticktem »M« erhält und rätselt, hilft ihm Caroline auf die Sprünge:

»Ihr Männlein seid doch auch nicht stark im erraten. Die M., die die Wäsche geschickt, heißt gewiß *Maria*.«

Ankunft in Weimar

Ahnt Johann Gottfried, daß ihm der Ruf vorauseilt, er trage Stulpenstiefel und Reitpeitsche unter dem Talar und predigen könne er nicht?

Weiß er überhaupt, daß Geistliche in Weimar sich ganz entschieden gegen seine Ernennung ausgesprochen haben, weil sie um ihre Einkünfte bangen? »Ohne Umgang« fühlt er sich nach dem Tod der Gräfin in Bückeburg: »Meines Lebens hier bin ich ... satt und müde.«

Am 1. Oktober 1776, in später Abendstunde, trifft Familie Herder in Weimar ein. Die Reise ist beschwerlich gewesen. Der jüngste Herder-Sohn, Goethes Patenkind August, ist gerade fünf Wochen alt. Caroline macht sich Sorgen, weil sie zweimal – in Halberstadt und in Hannover – den Wagen wechseln müssen. Sie trägt den Säugling im Arm, als sie aus der Kutsche steigt und zum ersten Mal das große Pfarrhaus hinter der Kirche St. Peter und Paul erblickt: ihre neue Heimat.

Es ist ein merkwürdiger Empfang: Kurz zuvor hat es in der Nachbarschaft Feueralarm gegeben. Die Feuerspritzen stehen noch herum, und überall haben sich Grüppchen aufgeregter Menschen gebildet, die nun die Neuankömmlinge anstarren.

Ein blinder Nachtwächter singt: »Eins ist not, ach

Herr«, singt Strophe um Strophe, während das Kind
in Carolines Armen immer unruhiger wird. Ein
Trost ist, daß ihr Bruder Sigmund mit einem Freund
vorausgereist ist und im Pfarrhaus wenigstens die
Betten hat aufstellen lassen. Freund Goethe, der gegen viele Widerstände Herders Berufung durchgesetzt hat, ist mit seinem Herzog Carl August auf Ler-
chenjagd. Er wird erst am nächsten Tag zurücker-
wartet.

Im Grunde genommen zeigt schon dieser erste
Abend, wie unterschiedlich Johann Wolfgang Goethe
und Johann Gottfried Herder in Weimar leben werden. Goethe amüsiert sich auf der Jagd. Nichts
zwingt ihn, abends im Haus zu sein. Herder hat sich,
seit er verheiratet ist, ein Ritual angewöhnt. Mit seiner Frau und den Kindern versammelt er sich vor
dem Schlafengehen zu einem »Abendgespräch«, das
mit einem Lied beendet wird:

Der Mond ist aufgegangen,
Die goldnen Sternlein prangen
Am Himmel hell und klar;
Der Wald steht schwarz und schweiget,
Und aus den Wiesen steiget
Der weiße Nebel wunderbar.

Herder hat diese Verse des Freundes Matthias Claudius in seine Volkslied-Sammlung aufgenommen. Er
liebt sie, wie er auch die griechische Fabel »Nacht
und Tag« liebt, die er übersetzt hat und im Familienkreis vorträgt: Der feurige, glänzende Knabe »Tag«
streitet mit der armen, dunklen Mutter »Nacht«. Wer
von beiden hat mehr Vorzüge? Im Gespräch der bei-

den ist es die Nacht, die »bescheidene, verschleierte Nacht«. Und so endet die Fabel bei Herder: »Eben berührte der schwatzende Tag den Saum ihres Gewandes, und schweigend und matt sank er selbst in ihren umhüllenden Schoß. Sie aber saß in ihrem Sternenmantel, in ihrer Sternenkrone mit ewig ruhigem Antlitz.«

In solch beschaulicher Stimmung verbringt Herder die Abende im Familienkreis, während Goethe das höfische Leben genießt. Er, 27 Jahre alt, hat beim 19jährigen Herzog alle Chancen, eine »neue Regierung« durchzusetzen. Dazu soll auch Herder beitragen.

Mit ihren Söhnen sind die Herders die erste Familie, die in den Kreis der »jungen Leute von Weimar« eintritt. Groß und unbequem kommt ihnen anfangs das Pfarrhaus vor. Auch die Landschaft in der Umgebung ist zunächst fremd: diese »sonderbaren Berge rings um den Kessel, der Weimar heißt«. Und wie wird sich der Kontakt mit den Menschen hier gestalten?

Goethe, der in ausgelassener Stimmung vom Ausflug mit seinem Herzog zurückkehrt, zerstreut alle Bedenken. Caroline versucht so, sich einzuleben:

> Die Menschen hier sind sehr höflich, artig, gesprächig und leichter Natur, und wie es scheint, so ist die wahre Religion hier ein unbekanntes Wesen.

Sie vertraut darauf, daß ihr Herder das ändern werde. Noch nie ist jemand unbeteiligt aus seiner Predigt gegangen – das weiß sie selbst viel zu gut seit jenem Tag in Darmstadt, als er sich in der Schloßkirche ihr Herz »erpredigt« hat.

Herders Wohnhaus in Weimar
Aquatinta. Eduard Lobe. Um 1840

Nur eines kennen die Herders noch nicht: die Intrigen am Hof.

Herder macht gleich am Morgen nach seiner Ankunft in Weimar die nötigen Visiten. Von Luise, der jungen Herzogin, ist er entzückt. Die junge Frau lebt allein im Schloß Belvedere. Ihr Gatte, Herzog Carl August, ist »bald da, bald dort«. So drückt es Caroline aus; so umschreibt sie die Tatsache, daß Carl August und Luise eine unglückliche Ehe führen. Vom ersten Tag an. Luise, eine stille, enttäuschte Frau, findet im Ehepaar Herder Vertraute. Bei Johann Gottfried nimmt sie Englisch- und Lateinunterricht. Er wird ihr seelsorgerlicher Berater und Freund. Auch Caroline verbringt viele Stunden mit ihr allein. Sie hat Mitleid mit der jungen Frau, die wie eine Fremde, Unbekannte in ihrer eigenen Residenzstadt lebt. Es ist ja nicht nur so, daß sie Kummer in ihrer Ehe hat. Sie paßt ganz einfach nicht in die Weimarer Gesellschaft. Typisch ist, daß über sie gesagt wird, sie könne keine »gnädigen Komplimente« machen. Das wird von ihr erwartet. Doch es liegt ihr nicht.

Mittelpunkt der Gesellschaft ist ihre Schwiegermutter, die Herzogin Anna Amalia, selber erst 36 Jahre alt, aber schon als Neunzehnjährige verwitwet. Kammerherren und Hofdamen, die ihr dienen, dürfen nicht ohne künstlerische Talente sein. Das ist einer ihrer Grundsätze. Sie ist es auch gewesen, die den Dichter Wieland, den »deutschen Voltaire«, in die unbekannte kleine thüringische Stadt gerufen hat. Sie hat aus Weimar den geistigen Mittelpunkt Deutschlands gemacht.

Und nun also treten die Herders in diesen Kreis ein.

Zum Empfang Goethes in Weimar hat Wieland einst gedichtet:

Auf einmal stand in unserer Mitten
Ein Zauberer.
Ein schöner Hexenmeister es war
Mit einem schwarzen Augenpaar,
Zaubernden Augen voll Götterblicken,
Gleich mächtig zu töten und zu entzücken.

Dagegen Herders Empfang in Weimar:
Er fühlt sich gekränkt. Denn es stellt sich heraus, daß der bisherige Verwalter der Generalsuperintendentur es durchgesetzt hat, daß – entgegen der Berufungsurkunde Herders – alle Beichtkinder bei ihm bleiben sol-

len. Diese »Beichtkinder« sind Minister, Räte, Hofka-
valiere, Hofdamen und deren Verwandte. Also gerade die Personen, die Herders eigentliche Gemeinde
ausmachen. Für Herder bedeutet das nicht nur eine erhebliche finanzielle Einbuße. Es heißt für ihn auch,
daß sein Amt ganz einfach nicht ernst genommen
wird. Unter diesen Bedingungen, das erklärt Herder
ganz entschieden, werde er seine Antrittspredigt
nicht halten. Er schreibt Goethe, wegen dieser Krän-
kung und weil man ihm seine Gemeinde nehme,
werde er das Amt nicht antreten. An den Herzog richtet er die Bitte, ihn entsprechend der Berufungsurkunde zu schützen.

Die Antrittspredigt soll am 20. Oktober 1776 stattfinden. Am Samstagnachmittag, dem 19. Oktober
1776, teilt Goethe Herder mit, daß der Herzog im ge-
wünschten Sinn entschieden habe. Die Predigt wird
ein voller Erfolg. Herder hat sich durchgesetzt.

Doch Goethe soll etwas von »Pfafferei« gemurmelt
haben, als er sich für den Freund eingesetzt hat. Das
erinnert an seinen Zorn auf Herders Reaktion zum
»Fels-Weihegesang«...

Schon jetzt zeigt sich, wenn auch nur im Keim, ein
Konflikt, der die beiden Männer endgültig trennen
wird: Johann Wolfgang Goethe ist längst über die
Rolle eines »spatzenmäßigen« Schülers hinausgewach-
sen. Johann Gottfried Herder kann das nicht akzeptieren. Hat Goethe nicht einst von ihm gelernt? Er, der
Theoretiker, hat Goethe gelehrt, wie Sprache sein
soll: Klang, Tempo, Bildfolge seien nicht weniger we-
sentlich als Logik und Grammatik. Der Anfang alles
sprachlichen Sich-Äußerns seien Ausrufe, lautsymbo-
lische Klänge. Hat Goethe ihm nicht begeistert darauf

geantwortet, diese Erkenntnis sei »wie eine Götterer-scheinung« über ihn »herabgestiegen«? Haben sie nicht nächtelang in Straßburg darüber diskutiert und sich später weiter in Briefen darüber unterhalten? Herder, der sich noch immer als Lehrmeister fühlt, ahnt durchaus, daß Goethe keinen »Ziehvater« mehr braucht. Aber er kann es vor sich selbst nicht zugeben.

Hinzu kommt: Johann Gottfried Herder tut sich schwer mit dem Hofleben. Seiner Frau Caroline fällt es leichter; sie ist von Darmstadt her mit höfischem Umgang vertraut. Und Goethe? Er, Bürger einer Freien Reichsstadt, wird 1782 geadelt werden – und das wird Herder, den kleinbürgerlichen Lehrersohn, sehr schmerzen. Sicher – aufgrund seines geistlichen Standes hat er Zutritt zum Hof. Doch da bleibt eine Hemmschwelle, die er nicht überwinden kann.

Wir kennen ein Bild aus der Weimarer Zeit: »Abend-gesellschaft bei der Herzogin Anna Amalia von Sach-sen-Weimar«. Ganz außen sitzt Herder, sitzt da wahr-haftig wie ein »Außenseiter«, mit gequältem Gesichts-ausdruck, scheint einfach nicht dazuzugehören. Ob-wohl er doch Gast ist wie alle anderen auch.

Anna Amalia, die Wieland zum Erzieher ihres Soh-nes Carl August berufen hat, hat den Aufstieg Wei-mars zum Brennpunkt des deutschen Geisteslebens angebahnt. »Ohne Künstler kann man nicht leben, weder im Süden noch im Norden.« Das ist ihr Motto. Sie veranstaltet Lese- und Musikabende im Schlößchen Belvedere, zu denen Frauen und Männer eingeladen werden, die sie aussucht. Und dazu gehö-ren auch die Herders. Johann Gottfried jedoch ist nun mal kein geselliger Typ. Im Einzelgespräch kann er

Abendgesellschaft bei Anna Amalia
Aquarell. Georg Melchior Kraus. Um 1795

ganz aus sich herausgehen. Als Prediger fasziniert er. Es gehört in Weimar bald schon zum guten Ton, in seiner Kirche gewesen zu sein. Man spricht am Sonntagnachmittag und bei den abendlichen Teegesprächen darüber. Doch glänzen am Hof in Weimar – das kann er nicht.

Noch hat er die Hoffnung, im Herzog einen Förderer, in Goethe einen Bundesgenossen zu finden. Könnte er sich nur leichter tun im Umgang mit den Hofschranzen. Goethe ist das gegeben. Herder, in seinem Eifer, sich für Kirche und Schule nützlich zu machen, reibt sich auf in seiner Arbeit, in viel zu viel Arbeit.

Eigentümlich wirkt auf Außenstehende auch, welche merkwürdigen Freunde der neue Generalsuperintendent mit nach Weimar gebracht hat.

Carolines Bruder Sigmund, der neun Monate bei den

Herders bleibt, hat aus der Schweiz einen Arzt namens Christof Kaufmann mitgebracht. Er hält ihn
für ein »Genie«, diesen bärtigen, recht ungehobelten
Mann, der mit allen Mitteln versucht, Goethe und
dem Herzog zu gefallen. Ohne Erfolg. Man lacht
über ihn. Und man lacht über die Herders, die ihren
Hausgenossen geradezu anschwärmen. Natürlich
merken sie auch nach einiger Zeit, daß sie den jungen
Mann überschätzt haben; sie sind froh, als er nach
Dessau weiterzieht.

Aber die Tatsache bleibt: Zu Herders gutem Ruf in ihrer ersten Weimarer Zeit hat ihr Hausgast nicht beige-
tragen!

Doch langsam leben sich die Herders in Weimar ein
und entdecken manches dabei:

Was heute nicht mehr auffällt, damals aber sehr beklagt worden ist: die so verkehrsungünstige Lage
»hinter den Bergen«, wie es Herder in einem Brief an
Caroline bedauert: Die historische »Hohe Straße«
von Frankfurt nach Leipzig führt an Weimar weit vor-
bei. Minister Goethe hat, bei knappen Finanzen, wenigstens die Straße nach Jena und Erfurt allmählich
ausbauen lassen – heute die Bundesstraße 7.

Die so unterschiedliche Größe der Gebäude: die domi-
nierende Schloßanlage, wie in allen diesen Residenzen; dagegen das bescheidene Wittumspalais der Herzoginmutter, das Schillerhaus, das Goethehaus – wie
ein Palais! – und »Schloß« Tiefurt, das eher ein »Guts-
haus« heißen sollte.

Die doch erstaunliche Möblierung: Zwar ist sie nur einer kleinen bürgerlichen Schicht möglich, aber der
Adel hat in Weimar nicht viel anders gelebt, und das
war gewollt! Ob Tiefurt oder Wittumspalais oder

Kirms-Krackow-Haus als Beispiel bürgerlichen Wohnens: wie ähnlich!

Die dauernde Begegnung mit der Antike und ihren Resten in solchen Wohnungen oder gar im »Römischen Haus« des Herzogs: Abgüsse, Originale, Bilder, Bruchstücke von Originalen. In Goethes Haus am Frauenplan wird der Besucher mit »salve« an der Tür im ersten Stock begrüßt, wenn er auf den Fußboden schaut...

Die Bücher. Goethes Bibliothek zeigt noch heute diesen Reichtum (der Auktionskatalog von Herders Nachlaß kündet auch davon: über 8000 Titel).

Das »klassische« Weimar – es ist auch ein beschränktes Residenzstädtchen: die labile Stimmung in den Briefen des Ehepaares aus den ersten Monaten zeigt es, und die folgenden Briefe lassen den Umschwung schmerzlich spüren.

Im ersten Konflikt nach seiner Ankunft verhält sich Herder erstaunlich realitätsbezogen, aber Goethe hat ihn letztlich nicht verstanden, und damit setzt die erste Verstimmung ein.

Caroline hält bedingungslos zu ihrem Mann. »Meine Kraft, mein Trost, mein Baum« hat Herder sie einmal genannt. »Mein Baum« – heißt das, daß er sich bei ihr anlehnt? Zu Beginn der Weimarer Zeit ganz sicher.

Herder, der immer heftig auf Enttäuschungen reagiert, wird Weihnachten 1776 krank. Gallenfieber. Im Frühjahr dann Schmerzen an der Leber. Pyrmont wird ihm gut tun. Er entschließt sich wieder zu einer Kur.

Caroline mit ihren beiden kleinen Kindern, der Arbeit im Haushalt und den ständig wechselnden Haus-

Stadtkirche St. Peter und Paul in Weimar
Kupferstich. A. Glaeser. 1830

gästen, klagt nicht. Sie versucht zu vermitteln, wenn
die beiden »Felsen Ossians« (so werden Herder und
Goethe in Weimar genannt) »aufeinanderstürzen«
wollen. Warum, dieser Gedanke nagt immer wieder
an ihrem Mann, warum steht Goethe in höherer
Gunst beim Herzog als er, der Geistliche? Ist es zu bil-
ligen, daß Goethe, der einmal sein Jünger war, mit
dem jungen Herzog tollkühne Jagderlebnisse teilt –
ihn aber nicht dazu anhält, sich mehr um seine junge
Frau Luise zu kümmern?
Er kann nicht begreifen, warum sein ehemaliger
»Zögling« einen ganz anderen Weg einschlägt als er.
Goethe nämlich hat längst eingesehen, daß in der Ehe
von Carl August und Luise nichts mehr zu retten ist.

Er dichtet für die Herzogin:

> Allen Gewalten
> Zum Trutz sich erhalten;
> Nimmer sich beugen,
> Kräftig sich zeigen,
> Rufet die Arme
> Der Götter herbei.

Wenn irgend möglich, bringt er zum 30. Januar, dem Geburtstag Luises, ein Theaterstück heraus, das ihr zu Ehren aufgeführt wird. »Lila« heißt die Erstaufführung am 30. Januar 1777.
Ein Jahr später wird zu ihrem Geburtstag der »Triumph der Empfindsamkeit« gegeben. Dann das Ballett »Amor«. Alles Erinnerungen an Darmstadt...
Auch Herder schreibt für Herzogin Luise und Herzog Carl August. Er versucht sich in der höfischen Form; doch da wirkt er seltsam steif und gekünstelt. Ein Gedicht an Carl August zum Geburtstag:

> Jahre nach Jahren entfliehn;
> die schönste Beute des Lebens
> Lassen dem Glücklichen sie,
> wenn sie entfliehen, zurück,
> Einen geläuterten Geist,
> der, sich und andern vertrauend,
> Weise der Zeiten genießt,
> weise die Zeiten beherrscht.
> Fürst! Dein Genius müsse dir
> selbst im stillen es sagen,
> Daß du am heutigen Tag
> einer der Glücklichen bist.

Wie ganz anders klingt Herders Sprache, wenn er predigt oder im vertrauten Zwiegespräch ist! Niemand weiß das besser als Caroline, die immer wieder zu vermitteln versucht zwischen ihrem Mann und der höfischen Welt, in der Goethe glänzt. Immer nur glänzt? Vielleicht zeigt er einfach nur nicht so deutlich nach außen, wenn ihn etwas bedrückt.

Im Herbst 1777, das ist die Zeit, als der »Klatsch« umgeht, er und Herder stürzten sich wie »Felsen« aufeinander, in jenem Herbst geht er auf Wildschweinjagd mit dem Herzog. Hat aber im Kopf einen »wundersamen, geheimen Reiseplan«.

Ohne Verabschiedung, ohne Begleitung reitet er weiter in den Harz. Was Herder nicht ahnt, was Caroline aber sehr wohl nachvollziehen kann: Goethe leidet tief darunter, daß seine Schwester Cornelia bei der Geburt ihrer zweiten Tochter gestorben ist.

Nein, darüber spricht man in Weimar nicht.

> Mit meiner Schwester ist mir eine so starke Wurzel, die mich an der Erde hielt, abgehauen worden, daß die Äste, von oben, die davon Nahrung hatten, auch absterben müssen,

schreibt Goethe am 16. November 1777.

Er hat vom Tod der Schwester in seinem Garten in Weimar erfahren.

In seinem Tagebuch steht: »Dunkler, zerrissener Tag«.

Und: »Leiden und Träumen«.

Fünf Wochen nach ihrem Tod dann die Verse:

Alles gaben die Götter die unendlichen
Ihren Lieblingen ganz
Alle Freuden die unendlichen
Alle Schmerzen die unendlichen ganz.

Er, der sich selbst als Liebling der Götter sieht,
spricht mit Herder, dem Geistlichen, nicht über sei-
nen Schmerz.
Die beiden Männer sind einander fremd geworden.
Es mag an Herders ungestilltem Ehrgeiz liegen, wohl
auch an seinem stillen Neid auf den erfolgreicheren
Goethe in Weimar; ändern wird sich das Verhältnis
der beiden zueinander vorübergehend durch zwei
Frauen, die vermitteln:
Charlotte von Stein, Goethes Freundin.
Und Caroline, Herders Ehefrau.
Charlotte, eine geborene von Schardt, hat mit 22 Jah-
ren den Baron von Stein geheiratet. Als Goethe nach
Weimar kommt, ist sie 34, hat drei Söhne und lebt die
meiste Zeit allein mit den Kindern in ihrem Schloß
Großkochberg; ihr Mann ist viel auf Reisen. Eine
merkwürdige Anziehungskraft entwickelt sich vom
ersten Treffen an zwischen Goethe und Charlotte von
Stein. Er widmet ihr Gedichte, er diktiert ihr Texte, er
unterrichtet ihren Sohn Fritz. Aber da ist noch mehr:

Ich kann mir die Bedeutsamkeit, die Macht, die
diese Frau über mich hat, anders nicht erklären als
durch die Seelenwanderung. Ja, wir waren einst
Mann und Weib!

So äußert sich Goethe gegenüber Wieland.
Charlotte von Stein und Caroline Herder also sind es,

die in den ersten Weimarer Jahren immer wieder ein-
greifen, wenn die Entfremdung zwischen Herder und
Goethe wächst. »Eitelkeit« und »Hochmut« werfen
sich die beiden Männer gegenseitig vor.

Wie sehr sich Persönliches und Berufliches vermen-
gen, zeigt Herders Ärger nach dem Besuch vom Herzog und Goethe bei Lavater in Zürich im Herbst
1779. Mit Lavater haben die Herders in jahrelangem,
herzlichem Austausch gestanden. In der Bückeburger
Zeit hat sich Herder von ihm in seinen Publikationen
sehr unterstützt gefühlt und sein Urteil gesucht. Als
ihm Lavater aber zu seinem neuesten Buch einen »großen Brief voll sauersüßer Anmerkungen« schickt,
»aus denen ich sehe, daß ihm und mir vor der Hand
gut ist, gegeneinander Siebenschläfer zu werden«, fol-
gert Herder: Goethe und der Herzog haben ihn während ihrer gemeinsamen Reise in die Schweiz »ange-
schwärzt«!

Es handelt sich um Herders erste »Briefe des Studi-
ums der Theologie betreffend« von 1780. Mit ihnen
will er die fachliche Bildung des theologischen Nach-
wuchses fördern: denn was er in seinem Sprengel an-
trifft, läßt ihn grausen. Voller Zorn schreibt er an Hamann und urteilt hart über Goethe und den Herzog.

Ihre Werke, die Arbeit und Verfassung von 3 Jahren, denen noch immer jeder Tag entspricht, zeigen von des Baumes Saft und Wesen. – Sie haben
mich bei Lavater als einen Gallsüchtigen geschildert, der mit ihnen nicht leben wolle oder vielmehr, mit dem sie nicht leben könnten, und doch
habe ich gegen all ihr Beginnen, das übrigens nicht
meines Amts ist, kein Wort gesagt. Mein Still-

schweigen und stumme Entfernung mit Absagung all ihrer Ehren und Blendwerke drückt sie, ohne doch daß sie im mindesten sich um etwas anderes bemühen wollten. Also sind wir durch Gott, unsere Ämter und unsere Naturen geschieden. Der Herzog, der in Zürich den »Lichtbedürftigsten, Wahrheitsuchendsten Religiosen« gemacht hat, soll Lavater gesagt haben, da dieser ihn vermutlich in manchem auf mich verwiesen: »Ich gebe ihm nur Blitzlicht in der Religion, aber Göthe gebe ihm das wahre bleibende Licht«. Ich wollte, daß meine Blitze ihm etwas anderes als Licht wären... Goethe ist, seit er aus der Schweiz ist, den ersten Sonntag, sonst nie mehr in der Kirche gewesen: ist übrigens ein großer Moralist und Lavater hat an ihm einem Menschen voraus verkündigt, vor dem die Welt einmal bewundernd hinknien werde.

Die »Schweigespirale« im Verhältnis ist offensichtlich. In einem der Briefchen Goethes an Frau von Stein steht im August 1779: »von Herder hör' ich gar nichts.« Sie hat freundschaftlichen Umgang mit den Herders und weiß von ihrem Freund Goethe, wie er dessen literarisches Wirken verfolgt und anerkennt: Seine »Lieder der Liebe« und die Volkslieder erinnern ihn an die Straßburger Zeit.
Aber Charlotte kann letztlich wenig vermitteln. Goethe antwortet: »Herders haben, merke ich, die Minute abgepaßt, daß ich weg wäre, um einen Fuß in Ihr Haus zu setzen.« Er läßt ihn grüßen: »meinen Bruder nicht in Christo, sondern in der Unart und der Unbetulichkeit«. Auch Caroline, die ihre Sympathie für Goethe bewahrt oder sich ihrer wieder erin-

nert, stürzt ihn in ein Wechselbad, weil sie sich von ihrem Mann in dessen Enttäuschung hineinziehen läßt.

Stimmt ihn im Mai 1780 der »Empfang eines gar guten Zettelchens von der Herdern« fröhlich, so beklagt er sich im Juni bei Frau v. Stein:

> Herders sind wieder von Ilmenau zurück und haben mich zum Eintritt mit unangenehmen Sachen unterhalten, die sie nichts angehen. Ich habe beschlossen, die Frau nächstens beim Lippen zu kriegen und ihr meine Herzensmeinung zu sagen, sie mag alsdann referieren, und es ist sehr gut, daß man sich erklärt und gewisse Dinge ein für allemal nicht leidet.

Februar 1781 erschüttert Herder die Nachricht vom Tod Lessings. Mit bewegenden Worten wendet er sich an Moses Mendelssohn:

> Lassen Sie sich erbitten, gewissermaßen seinen Platz in mir auszufüllen, und mir etwas näher zu sein, als Sie's sind... Da Lessing hin ist, hat Deutschland Sie, wenn Sie auch nur stillwirkender Zeuge sind, vor so vielen andern nötig.

Nun zeigt sich aber auch eine Annäherung an Goethe. Herder, der schon als junger Mensch zu Fragen der Literatur hervorgetreten ist, wird Goethes Gesprächspartner über eine kleine Schrift Friedrichs des Großen über die deutsche Literatur. Nach einem gemeinsamen Abend notiert Goethe:

Herder war gar gut; wenn er öfter so wäre, man möchte sich nichts Bessres wünschen.
Mit Herder bin ich in ein Verhältnis gekommen, das mir für die Zukunft alles Gute verspricht.
Schone ihn! Man schont sich selbst, wenn man nicht streng und grausam in gewissen Lagen gegen Menschen ist, die uns oder den Unsrigen wieder näher werden können.

Bei dem Rat, ihn zu schonen, mag auch Herders schlimme Erkrankung vom Jahresanfang mitschwingen. Im Jahresrückblick erfährt Gleim von Caroline:

> Mein Mann war sehr krank an einem grassierenden tödlichen Fieber, verbunden mit den heftigsten Kopfschmerzen, die so arg waren, daß ihm die Haare ausfielen und er nach und nach eine völlige Glatze bekam und jetzt bald aussieht wie ein Greis – übrigens hat er sich dieses ganze Jahr durch an Seele und Körper wohlbefunden.

Solches Wohlbefinden empfängt nicht nur Goethe, sondern auch Wieland, weil Herder einige Beiträge für dessen »Teutschen Merkur« verfaßt; auch das handschriftliche »Tiefurter Journal«, eine Laune des »Musenhofes« der Herzoginmutter Amalia, profitiert davon. Herders »Drei Gespräche über die Seelenwanderung« finden Goethes Zustimmung.
Aber die Nähe hält nicht lange vor. Die Herders können sich nicht mitfreuen, als Goethe 1782 geadelt und Nachfolger des Kammerpräsidenten von Kalb wird, der plötzlich entlassen worden ist mit einer großzügigen finanziellen Abfindung, zum Ärger der Herders!

In unserm StaatsKörper ging auch eine Revolution vor. Unser Kammerpräsident von Kalb ist vor Johanni mit 1000 Reichstalern jährlichen Gehalt verabschiedet worden, weil der Herzog kein Vertrauen mehr in ihn gesetzt hat. Untreue oder Niederträchtigkeit im Dienst konnte man ihm nicht Schuld geben, sonst hätte er keine Pension von 1000 Reichstalern erhalten, ein junger Mann von 35 Jahren der 7 Jahr im Amt ist und sein Geschäft sehr gut verstanden und verwaltet haben soll. Zu gleicher Zeit wurde bekannt, daß Goethe Kammerpräsident sei und daß ihn der Kaiser aus eignem Bewegnis in Adelstand erhoben habe. – Alles tut hier Augen und Ohren auf, um zu sehen wo das noch hinaus will, da die meisten wichtigen Aemter der Herr von Goethe jetzt verwaltet, welches folgende sind. Würklicher Geheimerat, Präsident des Kriegs-Kollegium, Präsident der Kammer, Director des Bauwesens vom Größten bis zum Kleinsten, Director des Bergwerks, Oberaufseher der Oeconomie und Ackerbau dieses Landes, Directeur der Künste und MalerAcademie, Directeur des Plaisirs, Schauspieldichter, Comödiant und Favorit des Herzogs.

»Wie wird Ihnen bei dieser Liste zu Mute, liebster Freund?« so fragt Caroline den Theologiestudenten J. G. Müller, der bei Herders Hausgast ist. In einer Nachschrift zum Brief ihres Mannes vom selben Tag an Müller heißt es dann:

Liebster Freund, die Unzufriedenheit, die jetzt hier herrscht, ist nicht zu beschreiben. Die besten Leute aus den Collegia suchen heimlich anderwärts Dienste (auch die Herders hören sich um!). Groß und Klein verachtet und verflucht den Goethe – der Kammerpräsident ist darum fortgeschickt, weil er ihnen schon seit 4 Jahren Vorstellung getan, sie müßten sich einschränken, es könnte so nicht bestehen. Die besten Leute werden verachtet... (auch die Herders?) und die ganze Dienerschaft ist dem Herzog verächtlich vorgemalt worden, darum nimmt Goethe alle bedeutende Stellen ein. Seit er von Adel ist, hat er alle Sonnabend assemblee, dahin kommt aber niemand als junge Fräuleins und junge Officiers und Jagdjunker, die Frau von Stein und Frau von Schardt, und unsre geliebteste Herzogin, die nun zu ihm geht und bei ihm ißt, *weil er vom Adel* ist. Er hat sie nun an ihrer schwachen Seite ergriffen, aber das Gute soll er ihr nicht verderben. Der Herzog hat die tödlichste Langeweile auch beim H. von Goethe und gähnt den ganzen Tag.

Als Frau von Schardt wegen einer solchen Sonnabendgesellschaft einen Besuch bei Herders absagt, antwortet ihr Caroline: »Goethe invitiert uns nicht, und wie kämen wir dazu, da wir so entfernt zusammen sind – Seien Sie also ohne uns doch fröhlich und vergnügt, liebstes Seelchen!«

Sophie von Schardt

Wer ist dieses »liebste Seelchen«, diese Frau von
Schardt, die hier von Caroline angesprochen wird?
Sophie von Schardt, verheiratet mit dem Bruder der
Charlotte von Stein, ist als Zweiundzwanzigjährige
im Mai 1778 nach Weimar gekommen.
Es ist ein Frühling, den Johann Gottfried Herder so er-
lebt:

> Eingeklemmt in das einsame Wirrwarr und geistli-
> che Sisyphus-Handwerk, in dem ich hier lebe, er-
> mattet man an allem und nimmt zuletzt an sich
> nicht mehr teil...
> Die Kirchmauer, die gerade vor mir steht, scheint
> mir unaufhörlich die wahre Bastille, und ich habe
> von jeher mein Haus, groß und verschnitzelt, unbe-
> wohnbar und, wo es bewohnt wird, eingeklemmt
> und drückend, als das wahre Symbol meines Am-
> tes angesehen...

»Erbärmlich« und »elend« findet er sein Leben. Inzwischen hat er drei Kinder – im Februar ist wieder ein
Sohn zur Welt gekommen. Und wie fühlt sich Caroline in dem großen, verschnitzelten Haus hinter der
dunklen Kirchmauer? Die Kinder – sie hat nun auch
noch die Tochter ihrer unglücklichen Schwester, der

Frau Goll, zu sich genommen – lassen ihr keine Zeit zum Nachdenken.

Johann Gottfried empfindet sein Leben als »eingeklemmt und drückend«. Caroline hält Haus und Garten in Ordnung, versorgt die Kinder; still und geräuschlos muß das gehen, Johann Gottfried, ihren geistig arbeitenden Mann, darf es nicht stören, wenn die Diele gescheuert wird, wenn »Waschtag« ist, wenn gebacken wird. »Wirtschaftslärm« dringt nicht in seine Studierstube. Keine gute Hausfrau würde das ihrem Mann zumuten.

Und dennoch spürt sie, wie unzufrieden er ist, wie er immer wieder in trübe Stimmungen versinkt. Was könnte sie denn ändern? Heimlich öffnet sie Briefe, die von seinem Verleger kommen, und handelt bessere Bedingungen für ihn aus. Ihr Mann sei so »empfindlich«, schreibt sie, man dürfe ihn nicht »unbillig beleidigen«.

Insgeheim macht sie sich Vorwürfe, daß sie so wenig dazu beiträgt, »poetische Launen« in ihm zu wecken. In Herder, dem Dichter, der nun im Schatten Goethes steht. Doch dann schreit schon wieder eines der Kinder; die Waschfrau kommt zu spät; neue Talglichter müssen gegossen werden; die ersten Beeren reifen im Garten. Caroline eilt an ihre Arbeit.

Es ist Sommer. Es ist der Sommer, in dem Herder eine Frau kennenlernt, die er eine »Blume« nennen wird: Sophie von Schardt.

Sie ist lebhaft und anmutig, klug, geistreich und gebildet. »Schalksinn« sei ihr eigen, heißt es, und auch »Koketterie«.

Johann Gottfried Herder, der ernsthafte 34jährige Prediger, blüht selbst auf wie eine »Blume«, als er die

Caroline Herder mit ihren vier ältesten Söhnen
Schattenriß. Künstler unbekannt. 1782

22jährige heitere (und kinderlose) Ehefrau Sophie
von Schardt kennenlernt. Sie hat den Wunsch ausgesprochen, seine Schülerin im Griechischen zu werden. Schneller kann sie sein Herz nicht erobern. Er
lehrt so gern – und endlich wieder einmal weiß das
jemand zu würdigen.

Vielleicht, ganz unbewußt, ahmt er zu Beginn der
neuen Freundschaft auch Goethe nach. Jeder in Weimar weiß, wieviele Stunden Goethe bei Frau von
Stein verbringt. Herder wird fortan wichtige Stunden der Frau von Schardt widmen. Auf kleinen Bil-
lets bestellt er sie zur Griechisch-Stunde; er »brennt
und verlangt danach«.

Im Herbst 1778 schickt er ihr seine soeben fertigge-
wordenen »Lieder der Liebe« zu. Caroline ist natürlich nicht entgangen, wie ihr Mann sich verändert
hat. Es gibt für sie jetzt nur zwei Möglichkeiten: Sie
kann so tun, als bemerke sie nichts. Sie kann aber

auch »mitspielen« in dieser Geschichte. Und dazu entschließt sie sich.

Also beginnt sie auch, neben ihren vielen Haushaltspflichten und ihren Aufgaben als Mutter, Griechisch zu lernen. Johann Gottfried sagt ihr, wie rasch Sophie die fremde Sprache aufnimmt. Caroline versucht, das neidlos zu akzeptieren. Johann Gottfried sagt ihr auch, wie sehr es Sophie schmerze, nicht Mutter zu sein; nach einer Fehlgeburt habe er sie trösten müssen. Caroline, die wieder schwanger ist, fühlt mit. Der vierte Herder-Sohn wird 1779 geboren, genau an Herders Geburtstag. Und dann, 1781, kommt die einzige Herder-Tochter Luise zur Welt.

Caroline ist in diesen Jahren eine Frau, die eine Doppelrolle spielen muß. Die Freundin Sophie von Schardt wird von ihr »lieber Engel«, »liebe Unschuld« und »Schwester« genannt.

Nach einer Predigt Herders schreibt sie an die »Schwester«:

> Nach einer solchen Predigt ist meine Seele groß, hoch über den Sternen, diese göttliche Wahrheit erfüllt mein ganzes Wesen... Ja, Liebe, wir wollen unsern Stern nie verlieren. Auch wenn Wolken ihn bedecken, ist er doch unser Stern, ein guter Stern!

Es kann ihr nicht leicht gefallen sein, diese Sätze so zu formulieren. Sie wird gewußt haben, daß es für sie nur eine Möglichkeit gibt: nämlich *gemeinsam* mit ihrem Johann Gottfried die Liebe zu Sophie zu erleben. Zumindest: *nach außen hin gemeinsam*. Sie hat sich vorgenommen, tapfer zu sein. Wie's drinnen aussieht, geht niemand etwas an...

Anfang 1783 ist sie erneut schwanger. Obwohl ihr »stark übel« ist und der älteste Sohn kränkelt, schreibt sie an Sophie, wie sehr ihr Mann sich auf ein abendliches Zusammensein mit der Freundin Sophie freut:

Kommen Sie, Holde, unser Herz verlangt nach Ihnen!!

»Unser« schreibt sie; »*Unser*« Herz.
Sie weiß, daß in Tiefurt an der Ilm, dem Lieblingsaufenthalt der Herzogin Amalia, Herder und Sophie sich mit anderen Weimarer Künstlern regelmäßig treffen. Das »Tiefurter Journal«, ein handgeschriebenes Wochenblatt, entsteht dort. Caroline ist ausgeschlossen von diesem Kreis. So versucht sie nun, die Freundschaft mit der »Blume« Sophie ins Pfarrhaus hineinzuholen.
Ein wirkliches Freundinnen-Gefühl aber hat sie nach wie vor nur zu Herzogin Luise. Caroline ist bei ihr, als am 2. Februar 1783 morgens der so lang ersehnte Erbprinz zur Welt kommt. Herder, fiebrig erkrankt, hält eine Dankpredigt. Die Bürger Weimars grüßen ihre Herzogin mit Hunderten von Fackeln.
Ein pompöses Fest. Nur die beiden Frauen können sich nicht mitfreuen. Luise ist noch erschöpft von der Geburt, überdies weiß sie, daß sie nie von ihrem Mann Carl August geliebt werden wird. Auch wenn sie ihm jetzt einen Thronfolger geschenkt hat.
Caroline ist erschöpft von einer neuen Schwangerschaft. Und überdies fürchtet sie, die Liebe Johann Gottfrieds zu verlieren. Auch wenn sie seine Freundin ganz und gar mit einbezieht in ihr Familienleben.

Zwei Monate später, in den frühen Morgenstunden des 26. April 1783, schreibt Herder einen Brief an Sophie von Schardt. Einen Brief, den sie verbrennen soll:

Ich muß meinem Herzen Luft machen und an Dich schreiben, lieber Schwester Engel, heilige, liebe, unschuldige Blume! Laß uns aufhören, wo wir sind. Wir lieben uns zu sehr, ja zu sehr, so schön wir's uns verleugnen. Ich weiß, und ich prüfe mich im innersten, daß ich Dich wie einen Engel, wie meine Schwester, liebe: Du liebst mich tausendfach süsser, unschuldiger, holder; Dein ganzes Herz ist vor mir. Aber wir sind Menschen, genug – und die schöne Blume unsrer Freundschaft und ewgen, ewgen Liebe muß auf immer im Morgentau blühen und glänzen... Ich würde mich ewig grämen, wenn auch nur der Schatte von Vorwurf in meiner Seele käme, daß ich mit meinem Hiersein im Hause, nur einen Augenblick die Ruhe Deines Lebens, Deines süssen unschuldigen Herzens gestört hätte, und wie der Wolf bei einem unschuldigen himmlischen Lamm gewesen wäre. Laß uns also fliehen Beste! und ich fliehe zuerst... Du hast mich schwach gesehen, aber ich will es nicht mehr sein. Ich schäme mich nicht das erste zu sagen, denn ich sage es vor Dir, der einzigen die mich so kennet. Das wissen die Götter! und meine Lebens-Geschichte, wo ich Dir nichts verschweigen werde, wird Dir's zeigen. Hab' also die Liebe, Engel, und gib mir Deine Hand, sie soll so lange ich lebe und atme, die Hand meines schwesterlichen Engels sein und bleiben. O es ist liebes Wesen, so eine himmlische Sache mit der Unschuld! unglückliche oder wenigstens gewiß minder glückliche Wesen, daß wir in dieser fatalen Körperhülle sind, und auch in Strohhalmen vom rechten Weg uns verirren können!... Verbrenn diesen Brief, das versteht sich, sofort, sofort. Wir sprechen von diesem Augenblick an, als hätt' uns der Leib einer Mutter getragen. Gottlob! ich bin wieder heiter! mein Herz erhebt sich und der Himmel vergibt mir meinen Fehler. Du wirst ihn mir auch vergeben, denn Dein süsses Gefühl der Wahrheit, ist mir dafür Bürge. Mit Dir kann man von Empfindung sprechen wie mit einem Engel, und über Pflicht und Wahrheit wie mit einem Mann; das tröstet mich, sonst wäre ich untröstlich. Antworte mir nichts auf dies alles, bester Engel, nimm es nur gut auf, und komme mir heiter wie der Morgen entgegen. Das übrige wollen wir ruhig und mündlich abhandeln. Du glaubst nicht wie ich mich über mich selbst schäme, das heißt über den *Anschein meiner Situation,* denn mein Herz wirft sich nichts vor, und das Deinige hat sich ja noch weniger vorzuwerfen. Lebe also wohl, Du bist von nun an meine Schwester, das ist die heilige unverletzlichste Freundschaft.

Was ist geschehen? Was treibt Johann Gottfried Herder zu diesem Brief?
Im April 1783 sind vier seiner Kinder an den Blattern erkrankt. Vater Herder fürchtet, daß er sich anstecken könnte. Von seiner schwangeren Frau Caroline wissen wir nicht, wie sie für sich die Ansteckungsgefahr sieht. Tatsache ist jedenfalls, daß sie ihrem Mann nicht abrät, als Sophie von Schardt den Vorschlag

macht, er solle in ihrem Haus übernachten und dort die kurze Zeit bis zu seinem geplanten Erholungsurlaub überbrücken.

Johann Gottfried über Nacht in Sophies Haus; er ist ihr so nah wie noch nie. »Schwach« wird er, hat er in seinem Brief geschrieben; seine »fatale Körperhülle« spürt er; und Sophie ist die einzige, die ihn so kennen darf: Sophie, die er »zu sehr liebt«. In dieser Nacht hat er alle Gedanken verdrängt an Caroline und seine kranken Kinder. Darf es denn für ihn keine andere Liebe geben als die eheliche, die allmählich – er kann und mag das nicht leugnen – in Alltagssorgen erstickt? Er ist »Mensch genug«, sich das einzugestehen. Und so schreibt er es auch auf nach dieser verführerisch-unruhigen Nacht, schreibt es hastig auf für die geliebte Sophie.

Und Sophie? Auch sie kann diese Nacht nicht vergessen. Hätte sie wohl sonst, trotz Herders Bitten, den Brief heimlich aufgehoben, ihn nicht verbrannt, sondern in ihrer Brieftasche versteckt?

Wir lieben uns zu sehr, ja, zu sehr...

Johann Gottfried nimmt am 30. April (in zwei Tagen hat er zehnjährigen Hochzeitstag) Abschied von Sophie. Er will zu seinem Freund Gleim nach Halberstadt reisen und von dort aus weiter nach Hamburg zu Matthias Claudius.

Auch Sophie hat vor, mit ihrem Mann zu verreisen, Richtung Holstein. Herder hofft, sie unterwegs zu treffen. Caroline muß arglos gewesen sein. Sie hat am 23. April an Gleim geschrieben:

Erheitern Sie nur meinen Mann und machen ihn durch Ihre alte Freundschaft wieder glücklich! Er freut sich so sehr, Sie wiederzusehen und wird verjüngt und fröhlich von Ihnen wieder zu uns kehren.

Herder jedoch, der als »Unterpfand« Sophies grüne Brieftasche mitgenommen hat, fühlt sich in Halberstadt durchaus nicht »verjüngt und fröhlich« in der Gesellschaft seines Freundes Gleim. Tag für Tag wartet er darauf, daß Sophie auf der Durchreise in Halberstadt Station macht. Er träumt von ihr; erträumt sich ein Zusammensein »auf der grünen Wiese«.
Wegen des kalten Wetters jedoch verzögert sich die Reise der Schardts. Am 12. Mai bekennt Herder in einem Brief an Sophie sehnsuchtsvoll:

Ich weiß nicht, was ich sagen oder tun soll. So lange gewartet, und soll jetzt wegreisen, da Sie vielleicht eben kommen; und doch auf der andern Seite noch vielleicht lange warten – bis sich die Wege trocknen; es ist entsetzlich.
Ich will nicht aufs Schicksal zürnen; denn was sind wir paar Mücken, daß es unsertwegen den Lauf der Wolken ändern soll; aber sonderbar und traurig ist's doch – Ich habe auf Sie gewartet, wie kein Liebhaber auf seine Geliebte warten kann. Es ist nicht recht, daß man sich einander so lieb hat. Auf Reisen sollte man frei sein wie der Vogel auf dem Zweige; und gerade da sucht die Seele die liebsten Gedanken aus ihrem Schoß hervor, um sich zu betrügen und zu bezaubern. Heut' morgen habe ich einen Traum von Ihnen gehabt, den ich Ihnen weder sagen noch schreiben mag: er war mir Ahn-

dung, daß der Bote Ihrer Ankunft kommen müßt, und da kommt Ihr Brief. – Ich mag nicht weiter schreiben: denn es ärgert mich, daß er nur geschrieben sein muß und nicht gesprochen sein kann. Meine Frau hat mir geschrieben, daß Sie heut' Montag abreisen und also bleib ich und sehe Sie übermorgen. Freude! Freude!

Und so schreibt er doch weiter – und dichtet:

O daß Dich, Du Blume des Paradieses
sanft die Hauche der Luft hinüberwehten,
Daß kein Donner und Sturm und unsre schöne
Blüte zerstörender Schnee
Mehr Dich schrecke! Dem Himmelvollen blauen
Aug' entrinne nicht mehr, als nur der Freuden
Träne, wenn wir uns wiedersehn, uns wieder
schwören auf grünender Au
Und im Schäfertale den Bund der ewgen
Freundschaftstreue – Geliebte nein nicht schwören
küßen wollen wir ihn; und der Lüfte Geister
lauschen beneidend uns zu.
O wie hüpfet das Herz mir, Unschuldswesen
Deine kleine geliebte Spur zu treten,
noch einmal vor'm Scheiden den Kuß voll Kühle
voll von erquickendem Tau
Sanft Dir zu entküßen.

Sie treffen sich in Blankenburg. Zwei Abschiedsbriefchen von Herder hat Sophie aufbewahrt:

Leben Sie wohl! ohne Zähneschmerzen und andres Uebel. Schlaf wohl, lieber kleiner armer Engel (wie meine Frau sagte), schlaf wohl. Adieu Liebe, in Blankenburg zum letzten Mal. Grüßen Sie Schardt auf's beste. Um 1. Uhr Nachts. H.

Noch Ein Wort Abschied, lieber holder Engel, in der schönen Frühe des Morgens. Lebe wohl, einzige meinem Herzen vertrauteste Schwester; meine Seele liebt Dich, mein Herz verehrt Dich: mir ist eine Quelle der Empfindung geöffnet, die nur der Tod austrocknen möge. Diese Zeit leben wir nicht mehr; aber eine, ich fühls, innigtausendmal innigere, schönere: sie wird mit jedem Tage schöner werden. Adieu, Engel der Unschuld, tiefen süßen Innigkeit und unnennbarer Himmelsregung. Sie strahlt in Deinem Auge, sie hüpft in Deiner leichten Gestalt, sie schlägt in Deinem Herzen, lispelt in Deinem süßen Wort. Sei mit mir lieber Engel, bleibe mir gut, und hasse mich nicht. Hier ist Deine grüne Schäfertasche.

So verliebt bleibt er nicht mehr lange. Spätestens Ende 1784 hat er zur nüchternen Erkenntnis von Sophies Charakter gefunden. Es existiert ein langer Brief mit 115 Druckzeilen, der mit dem Satz beginnt:

Liebe Schwester, Erlauben Sie, daß ich mich noch ein- und vielleicht das letzte mal des Zutrauens dieses Namens bediene...

Eindringlich warnt er sie, weil Sophie

mit dem offenbarsten Feinde und Verächter Ihres Mannes auffallende Freundschaft, Briefwechsel etc. errichten und damit die Ehre desselben bei dem Publikum auf eine Art kränken, die Sie schwerlich wieder gut machen können... Das tut keine Frau von Ehre, daß sie sich dem Feinde und offenbarsten Spötter ihres Mannes in die Arme wirft.

Herder charakterisiert diesen Feind als einen, der mit Freude andere heruntersetzt und schlecht macht.

Sagen Sie in der Welt nicht, daß Sie ihn bessern, veredlen, verfeinern wollen und schon auf dem guten Wege dazu sind; denn darüber lacht Alles, dem Sie gleichgültig sind und jeder zürnt darüber, der Sie liebet. Alle Bekehrungsgeschichten der Weiber mit Liebhabern der Art, sind Farcen oder Tragödien geworden... Den Geier will eine Taube zähmen? oder gar zum Täubchen ihrer Art verwandeln?... Kurz, lieber Engel, Sie stehen am Rande eines Abgrunds und es ist vielleicht die höchste Zeit, sich rasch und ungesäumt aber behutsam und stille gefaßt zurückzuwenden und den Hügel wieder mit leisem Schritt zu besteigen, auf dem Sie standen... Er ist der einzige Brief meines Lebens in dieser Art und ich habe nachher weiter kein Wort zu sagen. Auch verbitte ich, liebe Freundin, jede Antwort, Entschuldigung, Versprechen, Rechtfertigung darauf; mir haben Sie nichts von dieser Art zu tun und zu geben, desto mehr aber sich selbst, dem Genius Ihres Herzens und Ihrer Ehre.

Sophie versteht diese liebevolle Sorge und handelt; auf das Briefende schreibt sie: »Wie dank' ich Edler

Dir den strengen Rat!« Mit wem hat sie sich eingelassen? Wer eine Briefstelle Herders vom August 1785 mit Ironie liest, findet vielleicht die Antwort:

> In Wochen oder Tagen geht Franz Seckendorff als Reichshofrat fort; er hat nach vielen edlen Taten auch das edle Glück gehabt, die Frau von Schardt mit ihrem Mann zu versöhnen und von diesem selbst als Freund derselben anerkannt zu werden. Möge das Band lange und immer dauern!

Herder wird nicht mehr erleben, wie sie sich für den zweideutigen Zacharias Werner begeistert und ihren Seelenfrieden im Katholizismus sucht.

Herder hat Sophie durchschaut, bleibt ihr aber treu, herzlich und freundschaftlich verbunden. Er schickt ihr Gedichte zum Geburtstag, korrigiert ihre Gedichte, weil sie auch im »Tiefurter Journal« publiziert, und schreibt ihr 1788 nach Karlsbad einen charmanten Brief, bevor er nach Italien abreist:

> Ihr Andenken aus dem Karlsbade, liebe kleine Psycharion, ist mir recht zur erwünschten Stunde gekommen und heiterte mich nach einem traurigen Geschäft und einigen traurigen Tagen recht auf ... Leben Sie wohl, holde kleine Frau, und grüssen Sie Schardt. Meine Frau empfiehlt sich Ihnen aufs schönste, und ich nehme nicht Abschied, weil ich immer glaube, daß Sie mich mitten unter meinem Gewirr noch hier finden. Adieu, Donna suavissima, spirto gentil, alma cara.

Aufstieg und Fall einer Beziehung und schließlich ein

gutes Miteinander! Sophie gibt Herders Tochter Luise Französischunterricht. Der Vater bringt ihr, als einer Aristokratin, mit der sich's politisch über »*Aristokrat*« und »*Demokrat*« diskutieren läßt, eine öffentliche Huldigung dar: Die von Herder in jener Gesellschaft vorgetragene Fabel des 48. Humanitätsbriefs hat im Manuskript die Überschrift: »Der Geist der Zeit. An Frau von Schardt, geb. von Bernstorf. den 23ten Nov. 1783« – ihrem Geburtstag!

Vermittlungsversuche

»Arbeit haltet auch von viel müßigen Gedanken ab.«
Das hat Caroline Herder in dieser Zeit an ihre Nichte
Henriette von Hesse geschrieben. Während sich Herder im Frühsommer 1783 immer enger in seine Beziehung zu Sophie von Schardt verstrickt, erwartet sie
die Geburt ihres sechsten Kindes. Diesmal fürchtet
sie sich vor der Geburt. Ihr Mann ist auf Reisen. Die
Sorge um die an Blattern erkrankten Kinder reibt sie
auf. Da ist keine Zeit für »müßige Gedanken«. Da ist
nur noch die Angst vor der nächsten Geburt. Ob Johann Gottfried Herder das gespürt hat?
Er ist am 1. Juni 1783 auf der Rückreise zu Caroline.
Eine »plötzliche, unerklärliche Unruhe« treibt ihn zu
ihr zurück:

> Als ich auf der Lüneburger Heide war und einen
> sonderbaren Tag in meiner Seele hatte, kam sie nie-
> der.

An seinen Freund Jacobi hat Herder dies geschrieben,
und im selben Brief steht:

> Ich habe eine Frau, die der Baum, der Trost und
> das Glück meines Lebens ist, selbst in schnellen,
> fliegenden Gedanken mit mir eins, worüber wir

beide oft erstaunen. Sie leidet in ihrer Seele nur, sofern sie mich leiden sieht; sonst ist sie die Ruhe und Tätigkeit selbst, immer voll guten Muts und sorgloser Aussicht. Sechs gesunde und wohlorganisierte Kinder habe ich, fünf Knaben und ein Mädchen; den jüngsten Knaben fand ich, da ich nach Hause kam, geboren.

Es ist also alles »wohlorganisiert«, wenn er heimkehrt in den Schoß der Familie; darauf kann er sich verlassen. Die vielen Geburten und die Arbeit im Haushalt haben Caroline geschwächt. Doch nie käme Herder auf den Gedanken, seine Frau bräuchte – wie er – auch einmal so etwas wie »Erholung« oder müßte eine »Kur« machen (was für ihn ganz selbstverständlich ist). Leiden, da ist er sicher, kann Caroline nur, wenn es *ihm* nicht gut geht.
Und Caroline bestätigt ihn in diesen Gedanken.
Wenn Johann Gottfried leidet, sammelt sie alle ihr verbliebenen Kräfte – und kämpft für ihn. So hat sie noch kurz vor der Geburt ihres sechsten Kindes an Herders Verleger Hartknoch geschrieben, ihr Mann brauche nach sieben Jahren in Weimar »zu seiner Höchstnötigen Gemütsveränderung« diese Reise (auf der er Sophie von Schardt trifft!); aus Geldmangel könne er sich nicht einmal »diese Arznei verschaffen, die ihm doch so nötig als das liebe Brot ist«.
Um ihr eigenes Wohlbefinden sorgt sie sich nicht. Wichtig ist ihr – kaum hat sie sich von der Geburt erholt –, daß Herder und Goethe sich wieder näherkommen. Es gelingt ihr, zwischen den beiden Männern zu vermitteln.
An Goethes Geburtstag, am 28. August 1783, wer-

den auch die Herders eingeladen. Die Herder-Kinder sind dabei. Patenkind August, der von seinem Paten-onkel Goethe sehr geliebt wird, darf einen schriftli-chen Glückwunsch überreichen mit der Überschrift von Caroline und Johann Gottfried:

Aus dem Munde der Unschuldigen empfangen Sie unsre treuen Wünsche, die keine Worte ausdrük-ken, und danken wollen wir Gott, daß Sie da sind.

Nachmittags gibt es Tee. Abends ein »Souper«. Wein und Champagner wird serviert, »Froschkeulchen«, die Goethe sehr liebt, »Schöpsenbraten«, Kapaun und Truthahn. Aber kein Schweinefleisch; das lehnt Ge-heimrat von Goethe ab. Caroline, die in ihrer Ehe rechnen gelernt hat, genießt die Leckereien, genießt auch die Tänze, die Musik, die Maskeraden und klei-nen Theateraufführungen zu Goethes großer Feier. Viele Erinnerungen werden in ihr wach: An damals, als der jetzige Geheimrat von Goethe noch Student ge-wesen ist und durch den Wald nach Darmstadt gelau-fen ist, um sie und die anderen »Empfindsamen« zu besuchen. Als sie und ihre Freundinnen ihn den »Wan-derer« genannt haben. Als er bei ihrer Hochzeit vor zehn Jahren mit einem Blumenkranz auf dem Kopf aufgetaucht ist und Spottverse zum besten gegeben hat...
Eine solche Freundschaft kann nicht so ohne weiteres zu Ende gehen, davon ist sie überzeugt; und darauf spricht sie Goethe an. Begreift er denn überhaupt, worunter ihr Ehemann so leidet?
Er vermutet, daß der einflußreiche Freund Goethe seine Pläne zur Schulreform uninteressant findet, viel-

leicht sogar ablehnt. Herder hat den Auftrag, ein »Schulmeisterseminar« zu errichten. Einen Entwurf dazu hat er 1780 eingereicht. Doch es kommt keine Antwort.

Caroline klärt in einem langen, eindringlichen Gespräch mit Goethe die wachsenden Mißverständnisse zwischen den beiden Männern auf, schiebt – zumindest vorübergehend – Unstimmigkeiten beiseite. Bevor Goethe am anderen Tag für einige Wochen verreist, verabschiedet er sich von Herder, »für das gestrige Gute dankend«, und erklärt:

Deine Frau wird Dir gesagt haben, was für ein Mißverständnis obwaltet. Ich bitte Dich deswegen zum Anfang meines neuen Jahres, Deine Gedanken über unser sämtliches Schulwesen zu sammeln, und mit mir, wenn ich wiederkomme, darüber zu sprechen. Ich will gern zu Allem, was Du ausführbar hältst, das Meinige beitragen.

Ein Nachklang von dieser Begegnung schwingt in Carolines Brief an J. G. Müller vom 7. September 1783 mit:

Den 28. August war Gottfried und Göthens Geburtstag, den letztern haben wir den Tag bei ihm selbst bei Tee und Souper gefeiert. Er ist und bleibt ein edler Mensch und man muß ihn lieben.

Ein Dreivierteljahr später erfährt Hamann die produktive Wirkung:

Hier haben Sie, liebster bester ältester Freund, den

133

Johann Wolfgang Goethe
Kupferstich. Johann Heinrich Lips. 1791

ersten Teil meiner neugebackenen Philosophie der
Geschichte. Kein Wort vom alten (dem in Bückeburg 1774 verfaßten Buch) steht bisher darin und
die Grundlage ist so weit und tief umhergeholt,
daß mich vor der Ausführung des Baues selbst
grauet. Gott wird indes den guten Willen für die
Tat nehmen und wenn es sein soll, werde ich mit
dem Buch zu Ende kommen, dessen Fortgang aus
diesem Anfange noch schwer zu erraten stehet.
Keine Schrift in meinem Leben habe ich unter so
vielen Kümmernissen und Ermattungen von innen

und Turbationen von außen geschrieben als diese; so daß wenn meine Frau, die eigentlich Autor autoris meiner Schriften ist und Göthe, der durch Zufall das erste Buch zu sehen bekam, mich nicht unablässig ermuntert und getrieben hätten, alles im Hades der Ungeborenen geblieben wäre... Ich bin mir selbst ganz unkänntlich geworden, meine Flügel sind gelähmt, ihre Schwingen ausgerupft und ich stehe wie Kleists lahmer Kranich am dürren Meeresufer oder vielmehr ich liege wie Lazarus unter den Toten. Meine Bande mit Menschen sind ziemlich abgeschnitten oder durch den Fraß der Zeit verzehrt. Den Winter über hat sich Göthe, der auch in seiner Seele, aber großzügiger als ich, leidet, sehr freundlich und mit seiner alten Biedertreue zu uns getan: wir sind meistens alle Woche einmal bei ihm; aber doch alles ohne mich zu erquicken und zu erwärmen.

Hier malt Herder zu schwarz: mit den wöchentlichen Begegnungen holt Goethe die Herders »hinter der Kirche« hervor und versammelt sie mit Frau von Stein, von Schardt und später auch Frau von Imhof bei sich. Neueste Arbeiten lesen die beiden vor, der Kreis diskutiert und pflegt auch gemütliche Unterhaltung.

Im Mittelpunkt steht das neue Werk Herders »Ideen zur Philosophie der Geschichte der Menschheit«, dessen ersten Teil er in diesem Winter 1783/84 vollendet. Die epochale Bedeutung der »Ideen« liegt in der Verbindung von theologischem Denken mit geschichtlichen und naturwissenschaftlichen Gedanken: Das Zeitalter ist fasziniert von der Entdeckung der Naturgesetze; es spricht ihnen göttliche Würde zu. Herder will vergleichbare göttliche Gesetze in der Geschichte aufspüren, um das Vertrauen in die Menschheitsentwicklung zu begründen und zu stärken. Weil ihm schon früh der Gegenstand von Religion die geschichtlich überlieferten Taten Gottes sind, kommt er auch in seiner Geschichtsphilosophie den Absichten und Zielen Gottes auf die Spur. In besonderer Weise ist der Mensch darin verwoben: Er hat erst zu werden, was er nach Gottes Absicht sein soll:

> Den Tieren gabst du Instinct, dem Mensch grubest du dein Bild, Religion und Humanität, in die Seele: der Umriß der Bildsäule liegt im dunkeln, tiefen Marmor da; nur er kann sich nicht selbst aushauen, ausbilden. Tradition und Lehre, Vernunft und Erfahrung sollten dieses tun, und du ließest es ihm an Mitteln dazu nicht fehlen.

Die fehlende Sicherung durch Instinkte sieht Herder mit der Gabe der Gottesebenbildlichkeit ausgeglichen. Diese ,imago dei' ist der traditionelle Ausdruck für die besondere Beziehung des Menschen auf Gott. Herder deutet nun diesen überlieferten Begriff auf originelle Weise. Er erläutert ihn inhaltlich als „Religion und Humanität" und faßt dann vor allem die Ebenbildlichkeit als unvollendet auf: Das im Marmor eingezeichnete Bild ist noch nicht realisiert. Es ist vielmehr das anzustrebende Ziel, sowohl in der Menschheitsgeschichte als auch im einzelnen Leben.
Goethe interessiert besonders Herders Versuch, die geschichtliche Betrachtung auch auf die Natur auszudehnen: Naturgeschichte als Grundlage der Men-

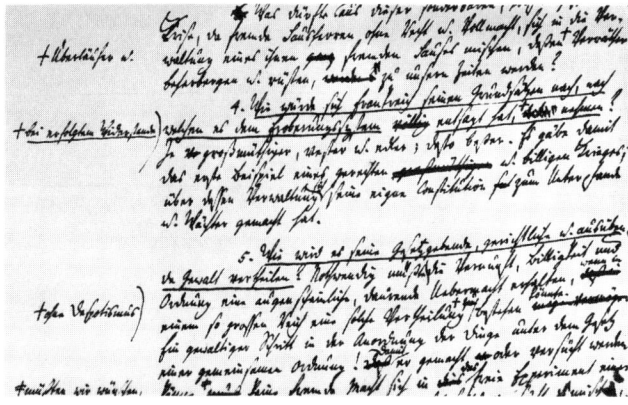

Briefe, die Fortschritte der Humanität betreffend. 18. Brief
Johann Gottfried Herder, eigenhändig. 1792

schengeschichte. Im Rückblick bekennt Goethe in
dem Heft zur Morphologie (1817):

Meine mühselige Nachforschung ward erleichtert,
ja versüßt, indem Herder die Ideen zur Geschichte
der Menschheit aufzuzeichnen unternahm. Unser
tägliches Gespräch beschäftigte sich mit den Ur-
anfängen der Wasser – Erde und der darauf von Al-
ters her sich entwickelnden organischen Geschöpfe.
Der Uranfang und dessen unablässiges Fortbilden
ward immer besprochen und unser wissenschaftli-
cher Besitz durch wechselseitiges Mitteilen und Be-
kämpfen täglich geläutert und bereichert.

Charlotte von Stein meint aus den »Ideen« zu erkennen, daß »wir erst Pflanzen und Tiere waren; Goethe«, fügt sie hinzu, »grübelt jetzt gar denkreich in
diesen Dingen.«

Caroline nimmt auch teil. Durch sie erfährt J. G. Müller:

> Mein Mann ist endlich vorige Woche an die Philosophie der Geschichte gegangen, ist aber plötzlich durch die heftigsten Rückenschmerzen unterbrochen worden, an denen er schon 3 Tage leidet. Ich hoffe, das Buch wird Ihnen auch gefallen, ich lerne dabei die ganze Welt kennen, und wenn ich nur Zeit und Gesundheit genug hätte, würde ich die Geographie mit tausend Vergnügen lernen. Wie ist doch diese runde Kugel so vielfach interessant und schön! Und der Geist der Natur so groß! Alles liest jetzt Reisebeschreibungen und dergleichen. Mit Goethe, der Frau von Stein, Frau von Schardt haben wir öfters angenehme Abendstunden. Unser Horizont fängt an heller, sanfter und ruhiger zu werden. Göthe ist herzlich gut gegen meinen Mann, und diese Gemütsverfassung ist beiden Balsam aufs geknickte Herz – denn Goethe leidet noch mehr als mein Mann.

Diese schöne Zeit wird bald enden; der Streit um Geld zerstört schließlich die Freundschaft zwischen Caroline und Goethe.

Der leidige Mammon

Geldsorgen haben Johann Gottfried Herder bedrückt, schon bevor er Caroline geheiratet hat. Bereits während seiner Studentenzeit in Straßburg hat Goethe darüber geklagt, er müsse Herder für die Operation an seinem Auge Geld leihen und ihn immer wieder mahnen, es endlich zurückzuzahlen.

Ein Problem, das sich in Herders Leben ständig wiederholen wird – auch als er in Weimar zur gutverdienenden »Beamtenspitze« gehört. Doch je älter seine Kinder werden, desto größer wird die finanzielle Belastung für ihn. Wie kommt es, daß es dem Ehepaar Herder nicht gelingt, »streng bürgerlich« zu leben? Warum reicht bei ihnen das Geld nie?

Schon in Bückeburg hat Herder Schulden gemacht, weil er sein Gehalt nicht regelmäßig bekommen hat. Seit dem Jahr seiner Heirat bis zum Wegzug – von 1773 bis 1776 – existieren zehn Briefe an die Fürstliche Rentkammer und deren Kammerrat Spring. Fast alle handeln von verspäteter Zahlung oder wehren sich gegen eine Finanzbürokratie, die das Zugesagte zu mindern versucht. Bevor Caroline seine Frau wird, schreibt er solche Briefe nicht. Daraus kann man schließen: Er hat es ihr überlassen, die Geldprobleme zu regeln. Und sie spielt auch die wichtigste Rolle, wenn es darum geht, Geld »einzutreiben«.

Das Auf und Ab in der Herder-Ehe (und ihre Beziehung zu Goethe und dem Weimarer Hof) dokumentieren »Bettelbriefe«, geschrieben in den 27 Jahren ihrer Ehe.

Es beginnt, als Herder 1775 aus Bückeburg an Kammerrat Spring schreibt, weil er auf seine Abrechnung wartet.

Ich ließ es mir, weil ich unverheiratet war und warten konnte, gefallen. Es währete fast 2 Jahr, ehe ich mein erstes Jahr ausgezahlt bekam und das in einzelnen Talern und ungewiß, dann und wann, und mit Mühe. So ist's die folgenden Jahre bis jetzt gegangen, und eben nun, 14 Tage vor Ostern 1775, bin ich mit einem Jahr, das an Michaelis 1774 schließt, noch nicht richtig... Ich hätte auch unmöglich so lang aushalten können, wenn mich nicht auswärtige Zugänge unterstützt hätten

– so können Schulden auch genannt werden, »Zugänge«!

Herder ist 1770 mit einer Besoldung von 700 Talern nach Bückeburg berufen worden. Davon soll er 600 Taler bar ausgezahlt bekommen und die übrigen 100 Taler aus Nebeneinnahmen erhalten. Die Auszahlungen sind damals vierteljährlich erfolgt. Weil bares Geld anscheinend auch in der Rentkammer knapp ist, macht man Herder den Vorschlag, ihm vierteljährlich 50 Taler auszuzahlen; am Ende des Rechnungsjahres würden die Bareinkünfte und Naturalerlöse seiner Pfarrstelle mit den ausstehenden 400 Talern verrechnet und die fehlende Differenz bar erstattet. Mit diesem Angebot schont die gräfliche Finanzbürokratie nicht nur ihre Kasse, sondern halst auch Herder die Abrechnung der Pfarrstelleneinkünfte auf!

In seiner genauen Auflistung vom 4. Mai 1776 findet sich die bezeichnende Anmerkung:

> Die gelieferten Naturalien sind meistens sehr schlecht gewesen, weil nach der neuesten Sittenlehre dem Prediger das Schlechteste noch zu gut ist. Sie haben also nicht höher gesetzt werden können

– damit meint Herder: die Brote, Eier, Schinken, Würste und Hühner können wegen der geringen Qualität nur mit wenigen Talern als Einnahme gerechnet werden; sei es, daß sie beim Weiterverkauf nicht viel bringen oder daß sie beim Selbstverbrauch wenigstens in der Abrechnung niedrig eingesetzt werden, um die bar zu erstattende Differenz zu vergrößern! Wenn das nicht Carolines Einfall war...

Jedenfalls sieht die Rechnung so aus:

Summe der Pfarreinnahme	308.10.6.
(= 308 Taler, 10 Groschen, 6 Pfennige)	
Superintendentur	38
Einnahme Insgesamt	346.10.6.
Dazu von Hochgräflicher Rentkammer 4teljährig empfangen	200
Also Summe des Empfangenen	546.10.6.
An Gehalt angesetzt	600
Davon das Empfangene	546.10.6.
Noch zu empfangen	53.25.2.

Herder erreicht keine Veränderung im Auszahlungsverfahren, obwohl er sich auf die gräfliche Zusage, »unter Kabinettssiegel«, beruft und im Postscriptum wissen läßt: »Meine Schuldner drücken mich selbst.« Sein größter Gläubiger ist der Verleger Hartknoch. Er hilft ihm mit Geld aus und führt auch erhebliche Bücherbestellungen aus, die nicht nur aus dem eigenen Verlagsprogramm stammen! Der Freund aus Riga, Georg Berens, hat ihm ebenfalls Geld geliehen wie auch Boie, Herausgeber des Göttinger »Musenalmanachs«.

Aus verschiedenen Angaben über die Höhe der Wechsel läßt sich »hochrechnen«, daß Caroline mit ungefähr zwei Jahresgehältern Schulden den ehelichen Haushalt begonnen hat. Zwar wird ihr Mann fleißig arbeiten und mit bedeutenden Werken Vorschüsse abarbeiten – doch für neue Haushaltsdefizite müssen wieder Vorschüsse herhalten, und das »Spielchen« geht weiter. Die Bedingungen verschärfen sich, als die Ausbildungs- und Studienkosten der Kinder den finanziellen Spielraum gänzlich einengen. Es braucht nur der Student August über seine Verhältnisse zu leben oder für den kranken Mann eine Kur in Aachen nötig zu werden, und Caroline stopft ein Finanzloch, indem sie woanders Schulden macht. Fast nicht zu glauben ist der Mut, mit dem sich die Herders an den Kauf des Gutes Stachesried für den Sohn Adelbert wagen!

Doch das ereignet sich am Ende des gemeinsamen Lebens – zu Beginn verantwortet noch Herder die Ökonomie. Geliehene 50 Taler schickt er Hartknoch, damit er sie an »mein liebes Mutterchen weitergebe«. Im September 1772 bittet er:

Ich habe noch eigentlich in meinem Leben keinen Bettelbrief geschrieben, aber es muß sein: da bloß der leidige Mammon und jetzt der zusammengefloßene Unrat vorhergehender Unbedachtsamkeiten und Fühllosigkeiten mich in die beschämende Schwachheit setzt, nicht einmal mein Nest anlegen zu können.

Kurz zuvor hat Caroline Schwager Hesse die Verlobung mit Herder mitgeteilt.

Hartknoch sendet dann Herder nicht nur in Riga zurückgelassene Teile seines Hausrates (über dieses Wiedersehen freut er sich wie ein Kind!), sondern auch zwei Wechsel.

Anfang August 1773 bittet Herder um Geld für Papier (!), im September erhält der Verleger drei umfangreiche Manuskripte zur Veröffentlichung und die Bitte, er möge mit einem Wechsel »zu Hülfe kommen«.

Dramatisch klingt der Brief vom Oktober 1773. Zuerst teilt er ihm mit, wie viele Manuskripte schon bei den Druckern sind –

aber nun auch Geld! liebster Hartknoch! Geld! mich drückts von allen Seiten! Sie sehen, daß ich die Jahre her nichts minder als pausiert habe: es war aber meine Absicht, ausgähren zu lassen, nur jetzt und gereift und also auf Einmal zu erscheinen und der gelehrten Republik von allen Seiten Stoß zu geben. Sie werden Wunderdinge von Lärm sehen – aber nun auch *Geld!* liebster Hartknoch Geld! Ich weiß nicht, wie ich durch oder vorsoll.

Als Hamann zufällig den Wechselbrief des Freundes Berens liest und sich Gedanken macht, erläutert ihm Herder 1774:

> Da an einem kleinen Orte, wo Juden die ersten Bettelnegocianten (Kreditgeber) sind, es Sünd' und Schand' ist, mit Kleckschulden überhäuft zu sein: so war hier Berens, durch Hartknoch, so gut, mir seinen Stab zu reichen, daß ich mit Ehren Einem schuldig sein könne und das ist das ganze Rätsel, über das Sie sich zu sehr den Kopf zerbrochen zu haben, scheinen. Kommen und Kucken Sie in die hiesige Verfassung und Sie werden mich loben.

Auch den Umzug nach Weimar müssen die Herders mit Schulden beginnen. Wer kann helfen? Herder erinnert sich an den fast gleichaltrigen Friedrich von Hahn, der sich in Astronomie, Naturkunde und Mathematik einen Namen gemacht hat. Herder hat ihn in seiner Eutiner Zeit kennengelernt, und das philosophische Gespräch pflegen sie auch 1774 beim Wiedersehen in Pyrmont. Diesen Friedrich von Hahn erreicht ein vom 7. August 1776 datierter Bittbrief:

> Liebster Freund, Verzeihen Sie, daß ich so lange nicht geschrieben und noch mehr, verzeihen Sie, daß ich jetzt *dieses* Inhalts schreibe, und endlich, lesen Sie bitte ich, diesen Brief allein. Sie werden wissen, daß ich jetzt nach Weimar soll zu Stelle des OberKonsistorialrats und GeneralSuperintendenten. – Beim Ausräumen hier und hinziehen dorthin komme ich aber an Gelde zu kurz und da an diesem Lumpenorte keine Kapitalien sind und ich mir

von dort aus des Anstandes wegen nicht gern zuschicken lassen möchte: so bitte ich Sie, edler Freund, kurz und gut, und inständigst als ich kann, mir doch mit einem Wechsel nur auf 300 Taler zu helfen. Zu Jahresfrist zahle ich Ihnen die Hälfte, vielleicht auch mehr, und Ihnen, edler Mann, muß doch itzt diese Gefälligkeit leicht sein... daß Sie's für mich *auf die stillste Weise* tun, das ist als Philosoph. Ich habe keine Schulden (!), aber auch keinen Vorrat: meine dortige, gute Stelle setzt mich bald in Umstände es abtragen zu können.

Schon am 28. August bedankt er sich für das Darlehen. Aber die Verhältnisse in Weimar sind nicht so, wie Herder es dem Freund Hahn geschildert hat. Oder sollte er doch mit Schulden umgezogen sein? Jedenfalls muß Hahn zwei Jahre später lesen:

Was werden Sie sagen, daß ich mich mit meiner Schuld noch nicht melde? Ich mahne mich selbst genug, Sie wissen es aber besser, omne principium grave (aller Anfang ist schwer), also auch der Aufenthalt an Einem Ort. Lesen Sie also Matthäus 18,26: »Da fiel der Knecht nieder und betete ihn an und sprach: Herr, habe Geduld mit mir, ich will dir's alles bezahlen.«

Ob ein Teil des Geldes an Hamann geht, der seine Bibliothek verkaufen will, weil er in Schwierigkeiten ist? Im August 1776 unterschreibt das Ehepaar Herder eine Hypothek zu seinen Gunsten:

Hier ist also die Hälfte eines Anleihs auf diese Bücher, dessen andere Hälfte, geliebts Gott, sobald wir unsre Reise (= Umzug) überschlagen, folgen soll... Ist doch besser, ich gebe sie Dir, als einem andern und mir hilft Gott (und Hahn!) trotz aller meiner Krümmen und Engen, in Geldsachen nicht nur nötig, sondern wenn ich's brauche, herrlich, reichlich und überflüssig durch.

Großzügig geht Herder mit geliehenem Geld um – das ändert sich erst später: Caroline läßt Hartknoch wissen, daß ihr Mann den Wechsel des Sohnes der Frau Busch aus Riga (Herders mütterlicher Freundin) bei seinem Aufenthalt in Leipzig nicht einlösen könne; sie seien dazu nicht imstande, sie hätten sich Winterkleider und -vorrat angeschafft »und leihen durchaus nicht für fremde«. (Wohl aber leihen *sie* bei Freunden!)

Dabei ist die Besoldung in Weimar besser als in Bückeburg, und sie trifft regelmäßig ein. Statt 600 Taler Jahresgehalt in Bückeburg dürfte die junge Familie 1776 in Weimar über mindestens 1000 Taler verfügen. 1788 sind es 1400 Reichstaler und 1789 bereits 1800 Taler – die literarischen Nebeneinnahmen nicht gerechnet, die in guten Jahren um 700 Taler betragen.

Aber die Ausgaben steigen rapide. Es beginnt mit dem Medizinstudium des ältesten Sohnes Gottfried im Herbst 1792: Er braucht 350 Taler jährlich. Ab 1794 folgen drei Jahre, in denen vier Söhne gleichzeitig außer Haus sind und Kosten verursachen.

In einem Bittbrief vom 22. September 1800 beschreibt Caroline die Situation, welche besonders der Ehefrau die »Finanzstrategie« auflastet:

Hier in Weimar kann mein Mann seines Amts wegen kein Anleihe suchen; er muß mit jedem auf reinem Boden stehen... Er hat mir die in das Detail gehende Öconomie übergeben, und ich muß ihn bei seinen AmtsArbeiten, so viel ich kann, mit diesen Dingen verschonen.

Wohin mich also wenden? Ach sehen Sie es nicht als ein Mißbrauch Ihrer Freundschaft an, wenn ich Sie um dies Anleihe bitte!... Und doch, wieviel schlaflose Nächte ... habe ich mir selbst gemacht ... ehe ich diesen Brief an Sie angefangen habe.

Nach diesem Eingang werden Sie fragen wie steht es mit Eurer Öconomie? Und da muß ich Ihnen freilich geradezu bekennen: *wir haben* kein eigenes Vermögen. Die Bibliothek meines Mannes, die etwa 2000 Reichstaler wert sein kann und unsre eingerichtete Wirtschaft, ist Alles was wir besitzen. – Mein Mann und ich haben uns ohne Vermögen geheuratet, haben mit Schulden angefangen. Ein böser Anfang. Ich hätte Ihnen eine Reihe von Dingen zu sagen, wie es kam, daß wir uns nichts haben sammeln können. Nur in den vergangenen 10 Jahren hätte es geschehen können, da nämlich seit dieser Zeit mein Mann eine verbesserte Einnahme erhalten hatte – aber da kamen, außer einer getäuschten Hoffnung, sehr beträchtliche Verluste über uns: Die große Krankheit meines Mannes vom Januar 1792 bis in den September, samt der Reise in das Aachener Bad, wo wir 12 Wochen bleiben mußten, haben gegen 1400 Reichstaler gekostet. Seine arme Schwester lag zu eben der Zeit 4½ Jahr an der Wassersucht bei uns. Ich hatte arme Geschwister, die mein Mann auch unterstützte. Neu kam die Erziehung unsrer Söhne, wo wir vier derselben 3 Jahre zu gleicher Zeit außer dem Haus erhalten mußten.

Das Jahr 1792 sieht wirklich schlimm aus: Den Einnahmen von ungefähr 1900 Talern stehen die Ausgaben von Kur (1400) und Gottfrieds Studium (350 Taler) gegenüber – mit den restlichen 150 Talern lassen sich die laufenden Ausgaben bestimmt nicht begleichen! Als vier Söhne gleichzeitig außer Haus sind (dies müssen die Jahre 1794–96 sein), ergibt sich ein anderes Bild: Rekonstruierbaren Einnahmen von 6150 Talern stehen Ausgaben von 3250 Talern gegenüber. Wenn das zutrifft, dann können 1000 Taler jährlich verbraucht werden: das hätte ausreichen können!
Es reicht aber nicht, weil sie mehr ausgeben. Ein besonderes Sorgenkind ist August, Patensohn von Goethe und Hamann.
Der Tollkopf August lebt über seine Verhältnisse. Am 7. September 1797 ermahnt Caroline ihren Sohn, der in 10 Wochen 100 Taler verbraucht hat:

Du weißt meine Bedrängnis, meine schlaflosen Nächte? und hast mein durch Sorgen veraltetes Gesicht und meine grauen Haare gesehen – ich trage alles allein und über Vermögen – aber ich fühle auch, daß es nur noch ein weniges bedarf, so unterliege ich dieser Last – und dann lieber August – dann wirst Du die Stimme aus meinem Grab lieber befolgen, als jetzt, da ich Dich mit Liebe darum bitte. Ich sage: Deine üble Wirtschaft macht Deinem Verstand keine Ehre. Denn wenn ein Mensch weiß: so und so steht es mit meinen Finanzen ich muß und muß mich einschränken um nicht von anderer Geld wie ein Bettler zu leben ... und tut es nicht? – o sage mir, was soll in Zukunft aus Dir werden, wenn Dich diese unsere Bedrängnis und Armut nicht zur Ordnung und Sparsamkeit zwingt?

Bewegende Worte, drohend, rührend, klug, auch wenn es ihr nicht gelingt, ihre eigene Ökonomie danach zu richten! Ihre Anleihebitte wird »Emanuel« ablehnen. Hinter diesem Pseudonym verbirgt sich ein Freund Jean Pauls.
In eine schlimme Situation bringt August die Mutter, als sie im Frühjahr 1803 seine Schulden von über 2000 Taler, von denen der Vater nichts weiß, bezahlen soll. Caroline tilgt 2085 Taler von Augusts Schulden mit einem Darlehen.

Deine Ehre ist gerettet, aber die meinige untergraben. Ich habe mein Wort meinen Gläubigern, die schon Jahre warteten, nicht gehalten.

Die vielen Söhne kosten viel Geld – bleibt auch etwas für die einzige Tochter übrig? Von 1797 bis 1798 besucht sie in Gotha das Erziehungsinstitut der Madame Stieler, soll dort lernen und sich bilden. In einem Brief vom August 1795 an Frau von Frankenberg legt Caroline die finanzielle Lage dar und klagt:

Die fehlgeschlagne Hoffnung: für Luisgen einige tausend Taler zu sammeln und sie nicht als eine Bettlerin in der Welt zurückzulassen, kränkt uns sehr.

Wird die Tochter einmal ebenso ohne Mitgift dastehen wie einst die Mutter? Herzogin Luise erfährt:

> Wie wehe tut es uns aber, daß wir von diesem Erwerb nichts, gar nichts für unsere Tochter zurücklegen können, worauf wir so sicher rechneten. Dieses und der Gedanke an Rinaldo, der bei der schwankenden Gesundheit seiner Eltern vielleicht unerzogen und unversorgt zurückbleiben kann.

Der fünfjährige Rinaldo und die 14jährige Tochter Luise stehen der 45jährigen Mutter vor Augen, wenn sie die Herzogin an die Einhaltung eines alten Versprechens des Herzogs erinnert. Caroline argumentiert folgendermaßen: Hätte der Herzog, wie versprochen, zu den Ausbildungskosten der Söhne seinen Beitrag geleistet, dann wären die literarischen Nebeneinnahmen von Herders »Privatfleiß« Mitgift für Luise und Versorgungskapital für Rinaldo geworden. So aber sind sie in die Ausbildung für die Söhne geflossen. Aber warum erinnert Caroline erst 1795 an dieses Versprechen?
Weil sie das schriftliche Versprechen des Herzogs vom 3. Mai 1789 nicht früher wiedergefunden hat!

> Vor 4 Wochen, da mein Mann Examen hielt, räumte ich seine Papiere auf, kam an ein versiegeltes Pack worauf Italien steht – sogleich sagte mir mein Geist, hier ist das verlorene Blatt, und – ich fand es!

triumphiert Caroline in dem Brief an Frau v. Frankenberg am 20. August 1795.

Goethe und Christiane

Wie viele Belastungen kann eine Freundschaft aushalten? Ist es möglich, daß jemand neidlos seine Rolle als »Meister« und »Führer« aufgibt und statt dessen ein »bewundernder Freund« wird?

Johann Gottfried Herder will es versuchen; hat nach Goethes Geburtstagsfeier 1783, bei der Caroline als die große Vermittlerin aufgetreten ist, auf den eindringlichen Satz seiner Frau gehört: »Wir wollen ihn nicht mehr verlieren!«

Goethe wohnt nun in einem repräsentativen Haus am Frauenplan. Im Winter läuft er maskiert Schlittschuh, dreht übermütig Pirouetten. Die Herzogin und die Hofdamen lassen sich in Schlitten übers Eis schieben. Mit Fackeln, Lampen und Pechpfannen ist der Teich erleuchtet. Auf einen wie Herder, der sich daheim »krümmen« und »engen« muß in allen Geldsachen, müssen solche Szenen bitter gewirkt haben. Herders Gesicht sei wie »Marmor«, schreibt ein Zeitgenosse in jenen Jahren, während Goethes Gesicht »wie Feuer glühe«.

Goethe ist der Mittelpunkt jeder Gesellschaft. Im Sommer durchstreift er in seiner freien Zeit mit Stiefeln und Sporen und einem kurzen, grünen, aufgeschlagenen Jagdrock die Umgebung. Herder, fast immer dunkel gekleidet, verbringt seine freien Stunden im Schoß der Familie. Bei den Treffen am »Musen-hof« der Herzogin Amalia fühlt Herder sich nach wie vor als Außenseiter, während Goethe von Einfällen sprüht. So hat Gleim Goethe beschrieben:

»Das ist entweder Goethe oder der Teufel!« rief ich Wieland zu, der mir gegenüber am Tisch saß. »Beides!« gab mir dieser zur Antwort.

Und dennoch ist das Verhältnis zwischen Goethe und den Herders in den kommenden Jahren sehr eng. Goethe liest ihnen aus »Wilhelm Meister« vor. Herder stellt seine »Ideen zur Philosophie der Geschichte der Menschheit« zur Diskussion.
Viele Äußerungen aus jener Zeit zeigen, wie herzlich Goethe und das Ehepaar Herder zueinander stehen.
Da lädt Goethe die Herders zu einem »griechischen Abendmahl« ein, und Herder fühlt sich in seiner Ge-sellschaft »erquickt wie Balsam«. Goethe sitzt am Krankenbett, wenn es Herder nicht gut geht. Und von seiner dritten Harzreise – im September 1784 – schreibt Goethe an Caroline und Johann Gottfried, er hämmere und zeichne den ganzen Tag:

Ihr werdet Freude haben an dem, was ich mit-bringe... Eine große Last Steine bringe ich ge-schleppt... Ich gedenke Eurer Liebe oft – und wollte, ich könnte Euch nur viel Freude bringen!

»In den letzten drei Jahren haben wir nur mit ihm ge-lebt, an Geist und Herz verbunden!« sagt Caroline 1786 über Goethe.
Und dann, ohne selbst seine vertrautesten Freunde

einzuweihen, ist er eines Tages Anfang September 1786 plötzlich aus Weimar verschwunden.

»Wir sind ohne ihn hier ganz allein«, schreibt Caroline. Goethe ist heimlich nach Italien gereist. Nicht als Minister aus Weimar. Sondern inkognito als »Filippo Miller, Tedesco, Pittore«. Als einer, der schreibt:

> Mir läuft die Welt unter den Füßen fort, und eine unsägliche Leidenschaft treibt mich weiter.

In Rom, das er am 29. Oktober erreicht, fühlt er sich von seiner »ungeheuren Leidenschaft und Krankheit geheilt«. Im Frühjahr '87 reist er weiter nach Sizilien. An Charlotte von Stein schreibt er:

> Dies ist ein unsäglich schönes Land, ob ich gleich nur ein Stückchen Küste davon kenn... Grüße Herders und alle – und gedenke – mein.

Fast zwei Jahre, nachdem er Weimar verlassen hat, kehrt er erst wieder zurück.

Eng und öde kommt die kleine Residenzstadt den Herders vor während Goethes Abwesenheit. Der »Zauberer in ihrer Mitten«, wie Wieland Goethe genannt hat, hinterläßt eine Lücke in Weimar. Tatsächlich – man kann das Leben hier recht armselig finden: Jeden Morgen treibt der Stadthirt laut blasend auf übelriechenden Straßen das Vieh aus der Stadt und abends wieder hinein – eine lähmende Alltagsszene, die sich immer wiederholt. Genau wie der Spaziergang zum »Webicht«, einem kleinen Wald, den Herder sehr liebt. Caroline findet, daß die Landschaft keine besonderen Reize bietet – es sei denn, man unternimmt in geselliger Runde eine Ausfahrt. Aber wenn Goethe, der Mittelpunkt der Gesellschaft, fehlt...

Die Herders feiern mit Freunden – ganz neu ist Friedrich Schiller dazugestoßen – in Goethes Garten während dessen Abwesenheit 1787 seinen Geburtstag, feiern mit viel Rheinwein und kaltem Braten (»Wir fraßen herzhaft!« schreibt Schiller). Zum Schluß gibt es ein Feuerwerk. Aber es will keine Stimmung aufkommen. Besonders bei Caroline nicht, die wieder schwanger ist. Ihr sechster Sohn, der im Dezember 1787 zur Welt kommt, wird nur wenige Monate alt...

Sommer 1788: Goethe trifft wieder in Weimar ein. Er ist braun gebrannt, übermütig und – merkwürdig verändert.

Charlotte von Stein merkt das als erste, sagt, er sei so »sinnlich« geworden. Caroline pflichtet ihr bei: »Sie hat nicht ganz unrecht.« Doch während das Verhältnis zwischen Goethe und Frau von Stein in der nächsten Zeit immer kühler wird – der wahre Grund wird sich bald herausstellen –, sind Herders und Goethe zusammen, als habe es keine Trennung gegeben. Mehr noch: Goethe versorgt Herder, der ebenfalls nach Italien reisen will, mit Ratschlägen, Adressen, Ideen.

Von Herders Italienreise, die so ganz anders verlaufen wird als Goethes, wird noch ausführlich die Rede sein.

Bleiben wir aber zunächst in Weimar, wo sich seit August 1788 – seit Herders Abreise – seltsame Gerüchte um den Geheimrat von Goethe ranken.

Goethe besucht mich meistens all ander Tag... Er

ist beinah wie ein Chamäleon; bald bin ich ihm
gut, bald nur halb!

Das schreibt Caroline an Johann Gottfried.
Und ebenfalls im August 1788:

Charlotte von Stein ist noch immer nicht herzlich
mit Goethe, das merk ich aus allem. Er sollte männ-
licher sein und sie bei der Hand nehmen, wie Du's
so oft getan hast, wenn ich unwillig herumging.

Hat sie das ernst gemeint? Vermißt sie tatsächlich Herders Strenge? Wohl nur, um ihm zu schmeicheln,
schreibt sie das. Denn im Oktober '88 teilt sie ihrem
Mann mit, es fiele in Weimar auf, daß sie während seiner Abwesenheit in Gesellschaft viel lebhafter sei.
Charlotte von Stein habe ihr auf den Kopf zugesagt,
sie, Caroline, würde aus Bescheidenheit immer den
Mann reden lassen!
Goethe unterdessen, auch das erfährt Herder auf seiner Reise, »reizt« neuerdings junge Mädchen, tanzt
ausgelassen mit ihnen, küßt ihnen in aller Öffentlichkeit die Hände.
»Er ist wirklich vergnügt!« äußert sich Sophie von
Schardt dazu. Charlotte von Stein wird immer kühler
und abweisender, hört sich zwar an, wenn Goethe
aus dem »Tasso« vorliest und von Italien erzählt –
doch da ist ein Bruch in ihrer Freundschaft zu Goethe. Im März 1789 schließlich kommt ein Brief von
Caroline, der alles erklärt:

Ich habe nun das Geheimnis von der Stein selbst,
warum sie mit Goethe nicht mehr recht gut sein

will. Er hat die junge Vulpius zu seinem Klärchen und läßt sie oft zu sich kommen usw. Sie verdenkt ihm dies sehr. Da er ein so vorzüglicher Mensch ist, auch schon 40 Jahre alt ist, so sollte er nichts tun, wodurch er sich zu den andern so herabwürdigt – – – Was meinst Du hierüber?

Herder antwortet:

Ein armes Mädchen – ich könnte mir's um alles nicht erlauben! Aber die Menschen denken verschieden, und die Art, wie er hier auf gewisse Weise unter rohen, obwohl guten Menschen gelebt hat, hat nichts anderes hervorbringen können.

(Goethe ist in Italien möglichst allen gesellschaftlichen Verpflichtungen aus dem Weg gegangen. Zu seinen Vertrauten haben vor allem Maler gehört – darunter auch die Malerin Angelica Kauffmann.)
Caroline kommt noch einmal auf Goethes »skandalöses Verhalten« zurück:

Dies Mädchen – Christiane – ist eine allgemeine H – vorher gewesen.

Herder aber ist zu sehr mit sich selbst beschäftigt, um auf Goethes Amouren einzugehen:

Was geht mich übrigens seine Privatvorstellung an? Ich habe genug an mir selbst zu richten, daß ich nicht gerichtet werde.

Das Mädchen Christiane, das die Gemüter in Weimar

Christiane
Kreidezeichnung von Friedrich Bury (1800)

so erregt, ist 22 Jahre alt, hat ein apfelrundes Gesicht, dunkelbraune Locken, einen kirschroten Mund. Eine, die gern tanzt und flirtet. In die Hof- und Bürgergesellschaft von Weimar paßt sie so ganz und gar nicht. Sie ist heiter und sinnlich. Die arrogante Heuchelei der Weimarer Prominenz ist ihr fremd.

Würde man sie fragen, wie sich »Iphigenie« buchstabiert, wüßte sie die Antwort nicht. Sie würde sich deswegen aber auch nicht schämen. Sie würde höchstens lachen:

> Ich kann nun mal nicht gut buchstawwieren – es reicht ja, wenn's der Geheimrat kann!

Der Geheimrat, der so »sinnlich« geworden ist in Italien, bei dem Kopf und Sinne nun in Harmonie miteinander leben, schreibt ein Epigramm auf Christiane:

> Arm und kleiderlos war, als ich sie geworben, das Mädchen;
> Damals gefiel sie mir nackt, wie sie mir jetzt noch gefällt.

Ob er sich denn nicht aus Italien eine schönere Frau habe mitbringen können, wird hinter seinem Rücken geklatscht. Wenn schon eine aus Weimar, dann doch bitte eine aus »guter Gesellschaft«. Man rümpft die Nase über Goethe und seine Geliebte.

Als er in Schillers Zeitschrift »Die Horen« seine »Elegien« veröffentlicht, entrüstet sich Weimars Gymnasialdirektor Karl August Böttiger:

> Alle ehrbaren Frauen sind empört über die bordellmäßige Nacktheit. Herder sagte sehr schön, er habe der Frechheit ein kaiserliches Insigel aufgedrückt. Die HOREN müßten nun mit dem U gedruckt werden. Die meisten Elegien sind bei seiner Rückkunft im ersten Rausche mit der Dame Vulpius geschrieben.

Dies hat Goethe unter anderem »im Rausche mit der Dame Vulpius« gedichtet:

»Ach, mein Hals ist ein wenig geschwollen!«
so sagte die Beste ängstlich.
»Stille, mein Kind! still! und vernehme das Wort:
Dich hat die Hand der Venus berührt;
sie deutet dir leise,
Daß sie das Körperchen bald,
ach! unaufhaltsam verstellt.
Bald verdirbt sie die schlanke Gestalt,
die zierlichen Brüstchen,
Alles schwillt nun, es paßt nirgends
das neuste Gewand.
Sei nur ruhig! es deutet
die fallende Blüte dem Gärtner,
Daß die liebliche Frucht
schwellend im Herbste gedeiht.

Christiane ist schwanger.
Sie erwartet ein »Pfuiteufelchen«, so nennt sie in ihrer Sprache das Ungeborene, in ihrer erotischen Geheimsprache, einer phantasiereichen Bildersprache: Sie freut sich auf jedes »Schlampamps-Stündchen«, denn schon in Gedanken an Goethe und seinen »Herrn von Schönfuß« wird sie ganz »hasig«. Die »Krabskrälligkeit«, ihre Schwangerschaft, wird zwar von den Weimarer Damen und Herren höchst mißbilligend betrachtet. Doch das ändert nichts an Christianes Gefühlen für Goethe: »Ich habe Dich ganz höllisch lieb und bin heute sehr hasig!«
Es rührt einen, wie herzlich und unbekümmert Christiane versucht hat, in Kontakt mit Goethes »Seelen-

freundinnen« zu kommen. Da schickt sie zum Beispiel der Charlotte von Stein einen Kuchen zum Geburtstag. Doch die fühlt sich geradezu »verspottet« durch das Geschenk.

Viele spitze Bemerkungen hat sich Christiane Vulpius anhören müssen. Sie hat so gar nicht zu dem »genialen Zauberer« Goethe gepaßt. Zumindest sind sich seine Freunde (besonders seine Freundinnen!) darin einig. Nur Goethes Mutter in Frankfurt hat diese Ansicht nie geteilt. Sie hat gespürt, daß ihr »Hätschelhans« glücklich ist mit dieser Frau. Nie hat sie Christiane als »allzeit bereites Betthäschen« abgetan wie die meisten anderen Zeitgenossen.

»Ein armes Mädchen – ich könnte mir's um alles nicht erlauben!« Was meint eigentlich Herder mit dieser Bemerkung, die sein erster Kommentar zu Goethes Christiane-Liebe ist?

Hat er das Mädchen Christiane (»die arme«) bedauert? Oder sich selbst (der sich das »nicht erlauben« kann)? Hat er Goethe beneidet, der sich in eine Leidenschaft stürzt und sich über alle Konventionen hinwegsetzt?

Als Goethes und Christianes Sohn am 25. 12. 1789 zur Welt kommt, ist er »unehelich«. Julius August Walther wird am 27. 12. in St. Jacob in Weimar getauft.

»Ich verberge vieles vor meinem Mann, um ihn heiter zu erhalten bei seinen Arbeiten.« Das ist ein Satz, den Caroline Herder geschrieben hat.

Er könnte in genau dieser Formulierung auch von Christiane Vulpius stammen. Christiane stellt sich ein auf die Tatsache, daß Goethes Stimmungen heftig wechseln können, daß er »hypochonder« ist. Caro-

line kennt auch die Launen ihres Mannes, der sich immer wieder zurückgesetzt fühlt, der häufig kränkelt – und sein Leben lang von Geldsorgen geplagt wird.
Beide Frauen sind ihren Männern in praktischen Dingen überlegen. Caroline führt – wieder einmal – die Verhandlungen, während ihr Mann 1789 noch in Italien weilt. Ihm ist von der Göttinger Universität erneut eine Professur angeboten worden.
Caroline berichtet ihrem Mann:

> Ich habe dem Goethe gesagt, daß wir so viel haben müssen, daß Du nicht mehr schreiben dürftest. Dies habe ich ihm auf die derbste Weise gesagt, und er billigt es. Er meint auch, daß noch mehr Zulage unter dem Namen für die Erziehung der Kinder werden könne.

Freund Goethe also ist es, der vermittelt, der der Herzoginmutter Anna Amalia schreibt:

> Wir sind in Gefahr, Herdern zu verlieren. Die Göttinger haben ihn gerufen und ihm selbst überlassen, die Bedingungen zu machen. Der Herzog hat ihm ansehnliche Vorteile zugedacht, allein die Hannöverische Waagschale ist schwer aufzuwiegen. – Was diesen Mann vorzüglich beschwert, sind die vielen Kinder, für welche man besonders zu sorgen sich von dort aus erklärt hat. Ich habe den Vorschlag getan: daß unsere gnädigsten Herrschaften in die Vorsorge für diese Kinder sich teilen und sich es dergestalt wechselseitig erleichtern möchten.

Konkret macht Goethe den Vorschlag, »jährlich einige hundert Taler vorerst auszusetzen« und im Testament »einige tausend Taler den Kindern zu vermachen«.

So erfährt Herder auf seiner Rückreise nach Weimar, daß ihn der Herzog nach Goethes Vorschlägen von dem äußerlichen Schreib- und Rechnungswerk seines Amtes entlastet, ihn zum Vizepräsidenten des Oberconsistoriums ernannt, sein Gehalt auf 1950 Taler erhöht und sogar die Erziehungskosten und Vorsorge für seine Söhne übernommen hat.

Welchen Anteil Caroline an diesen neuen, günstigen Bedingungen hat, die ihn in Weimar halten, kann er zunächst gar nicht ermessen. Auch wie sehr Goethe durch das Zusammenleben mit Christiane Vulpius sein Leben verändert hat, interessiert ihn nur wenig. In Gedanken ist er noch in Italien. Ein Italien, aus dem Goethe »sinnlich« zurückgekehrt ist, während er gestehen muß: »Auf mich macht Italien in allem nun einmal den ganz entgegengesetzten Eindruck!«

Wie hat Herder Italien erlebt?

Und warum ist er so enttäuscht zurückgekehrt?

Reise nach Italien

Herder reist anders nach Italien und durch das Land
als Goethe, der es ein Vierteljahrhundert später in seiner »Italienischen Reise« nachträglich, musterhaft
und mit großem Einfluß auf Mit- und Nachwelt lite-
rarisch vorführt. Herder reist anders, schon deshalb,
weil er nicht wie Goethe incognito in Rom lebt, sondern als »Bischof des Herzogtums Sachsen-Weimar«
auftritt. So hat er repräsentative Verpflichtungen und
entsprechende, ungeplante Geldausgaben, auch für
die Kleidung, ganz zu schweigen von den Arztkosten
für seinen erkrankten Diener Werner.

Goethe hat gut reden; alle seine Ratschläge in Anse-
hung Roms taugen nicht; er hat wie ein Künstler-
bursche hier gelebt. Da schwätzt er und warnt
mich vor dem schwarzen Rock, und macht, daß
ich den meinigen nicht mitnehme, und nun muß
ich mir einen hier machen lassen, weil ich mit keinem andern, auch keinem gestickten, der immer
nur Frack ist, in eine Gesellschaft kommen kann,
und Einsiedel selbst einen schwarzen mitgebracht
hat. Ich muß mich also in doppelte Kosten setzen,
mir einem schwarzen und violetten zu kaufen; und
so hat er mehr geredet; ich habe mich manchmal
schon über ihn geärgert, daß ein Mensch, der zwei

Jahre in Rom gewesen ist, einen so ziehen läßt. Ich würde es, da ich jetzt zwei, drei Wochen in Rom bin, keinem Fremden so tun, der mich früge.

Das erfährt Caroline im Brief vom 11. Oktober 1788 und weiß nun schon, daß das Geld knapp werden wird.

Aber er kann auch freundlicher von Goethe sprechen, mit Selbstironie, etwa vier Monate später:

So bitte ich Dich, ja nicht zu glauben, daß ich auf Goethe etwa einen Groll habe. Ich ehre ihn, wie immer: denn ich sehe zu klar, daß er nicht anders sein kann, als er ist. Uebermorgen fängt Trippel meine Büste an, die zu Goethe seiner ein Pendant werden soll, auf des Herzogs Bestellung. O der leidigen Pendants! Goethe hat sich als einen Apollo idealisieren lassen, wie werde ich armer mit meinem kahlen Kopf dagegen aussehn! Desto besser, so steh ich arm und nackt da. Adieu!

Herder reist anders. So sehr er sich schon in jungen Jahren nach Italien gesehnt hat, ähnlich wie Goethe, hätte ihn nicht ein Verehrer eingeladen, so wäre er wohl nie nach Italien gekommen. Der 28jährige Friedrich von Dalberg, Domherr zu Trier, Worms und Speyer, Bruder des Erfurter Statthalters und späteren Fürstprimas von Dalberg im Herzogtum Frankfurt unter Napoleon, will Herder als Reisebegleiter und bietet an, die Kosten weitgehend zu übernehmen:

Ich kann mich auf einige Zeit von meinen Residenzen frei machen, und diese Zeit und meine fortdauernden Renten dort verzehren. Denn wie Sie wissen, ist die Kirche, die zwar auch Bannstrahlen hat, oft eine gütige Mutter und gestattet ihren Söhnen alle Freiheiten, wenn sie nur das Verlangen äußern, ihren mächtigen Vater mit der dreifachen Krone in Rom zu sehen.

Welche Überraschung im Pfarrhaus! Im März ein anonymes Geldgeschenk von 2000 Gulden und nun dieser Antrag im Mai! Der Herzog freut sich mit und genehmigt großzügig den Urlaub. Bis zu ihrem Zusammentreffen in Augsburg reist Johann Gottfried alleine. In bester Stimmung nimmt er Ehrungen in Bamberg und Nürnberg entgegen, kann aber auch über seinen Ruhm witzeln: »Meine Celebrität fängt mir an, sogar in Nürnberg, beschwerlich zu werden.«
Caroline aber ist nicht nur fröhlich. Sie erlebt eine lange Trennung und bleibt mit den Kindern zurück:

Lieber Engel. Der erste schmerzhafte Tag ist nun überstanden und Gottlob daß er überstanden ist. Es war ein Tag wie ich noch keinen erlebt habe, selbst nicht da meine Mutter starb. Dein Leben und Dasein ist ganz in das meinige verschlungen, ja ich lebe nur durch Dich, Du bist mir mehr als ich selbst mir bin – Ach Gott, daß ich Dir das nie habe zeigen können... Ich bin heute gestärkt aufgestanden, da ich zuerst mit den Kindern gebetet hatte, und ging flugs hinauf das Repositorium mit dem grünen Vorhang in der Bibliothek aufzuräumen. Es war ein Heldenstreich, aber ich habe viel damit gewonnen – das erste was mir in die Hand fiel war ein unangenehmes Papier – wie freute ich mich jetzt, daß Du diesem Quark entronnen bist... Goethe kam auch heute wieder und sagte mir die besten Folgen Deiner Reise vor. Unter andern sagte er auch, daß er 14 Tage vor der Abreise aus Rom täglich wie ein Kind geweint habe; das hat mich sehr gejammert... Vielleicht wird auch mit mir eine Verwandlung vorgehen und ich Deiner noch ein bißchen wert werden... Gottfried ist sehr gut und aufmerksam auf mich. Er tut alles williger, und wir reden jetzt nur von Dir und tun, was Du uns befohlen hast. Die Bücher nach Göttingen hat er helfen aufs beste packen. Sie werden alle ein Briefchen beilegen, weil das Porto noch nicht viel kostet... Noch eins muß ich Dir sagen: das Manuskript der Ebräischen Posesie lag auch verirrt unter den Amts Papieren. Ich schlug es auf und las »ich habe einen Bund gemacht mit meinen Augen, daß sie nicht schauen nach fremden Frauen«. Ich lächelte fast, daß mir gerade das gesagt wird.

So schreibt Caroline am Abend des 7. August 1788, voller Abschiedsweh; sie endet:

Ach, ich möchte Dir noch so viel sagen, mein Herz ist so voll, es will nichts heraus. Bleibe mir nur gut. Wie ich gestern Deine Kleider und Deinen Hut sah, da brach mir mein Herz, und ich eilte wieder herunter um mich auszuweinen – Bald habe ich's überstanden – die Vernunft wird ja Herr über die Empfindung werden. Gute Nacht.

Was ursprünglich als schönes harmonisierendes männliches Reiseduo geplant ist, stört nun eine Frau: Frau von Seckendorff. Hat sie sich selbst eingeladen und die Beziehung zu Dalberg ausgenutzt, wie Herder vermutet? Oder geht die Italienreise sogar auf den Einfall der lieben Frau des Domherrn zurück?

Als Dalberg ankündigt, er werde an Herders Geburtstag in Augsburg eintreffen und ihm ein unerwartetes angenehmes Geschenk mitbringen, so gilt das nur für den Abend des 25. August: »wir sind alle drei wie drei Geschwister und Kinder fröhlich.«

Bald aber hat sich die Stimmung gründlich geändert. Diese Frau ist ihm wie

> ein Tropfe in den Teig gegossen, der keine Vereinigung möglich macht, sondern sie vielmehr verhindern soll; als worauf sie es vom ersten Abend angelegt hat,

unterstellt er ihr sieben Tage später in Bozen. Im Oktober ertönt dann aus Rom der Seufzer: »daß das Weib *da ist*«, und vier Tage später, im Blick auf die in Rom nun auch anwesende Herzogin Anna Amalia: »Ich bin zwischen den Weibern garstig in der Mitte.«

Die Herzoginmutter lädt ihn aber zu seinem Glück ein, mit ihr nach Neapel zu reisen. So kann er auch seine knappe Reisekasse schonen. Dringend mahnt ihn Caroline, von Goethe beraten, sich die Mehrkosten für den veränderten Reiseplan, getrennte Haushaltsführung beispielsweise, von Dalberg erstatten zu lassen!

Schließlich faßt Johann Gottfried Mut, verhandelt und nimmt von seinen Reisebegleitern herzlichen Abschied:

Denn er ist, wenn man mit ihm allein ist, eine liebe Seele, aber sonst ganz und gar unter Frauen-Macht. O was bin ich für ein Tor gegen die Weiber, daß ich ihnen auf ihre glatte Haut viel mehr Gutes zutraue, als sie nur zu haben begehren.

Nein, Caroline braucht sich wegen »fremder Frauen« nicht zu sorgen. Schon ihre ersten Briefe sind ihm sein »Gebetbuch«. Er überläßt ihr die Korrekturen an der überarbeiteten Preisschrift »Vom Ursprung der Sprache« und begreift in der Entfernung ihr Verhältnis neu:

Ich sehe Dich Nachts und Tages in allen Deinen Lieblichkeiten und Deiner herzlichen, einzigen, unnennbaren Liebe und Zärtlichkeit, die Du für mich hast und hattest. Du meine treue Penelope, ich Dein alter gewanderter Ulysses. Ewig, ewig will ich Dir danken, und nichts erpochen, was Du mir versagst.

Wer so zurückblickt, denkt über seine Ehe nach:

so hat mich die Reise und selbst die Not und Verlegenheit aus einer Lethargie erweckt, die doch kein Glück war.

Caroline erhält aber auch eine indirekte Mitteilung:

Auch Goethe sage für sein Briefchen den herzlichsten Dank, und melde ihm, daß wenn Liebe zur Glückseligkeit in Rom gehört, ich leider noch nicht liebe.

Als Caroline nun doch beunruhigt antwortet, versichert er ihr:

Was in der Welt könnte ich haben und wollen, um Dich zu kränken? Dich, die mein Alles ist und an der meine Seele, wie diese an ihrem Körper hänget. Du leidest, duldest, schaffest, sorgest dort, indessen ich mich, Gott weiß wozu? umhertreibe, und auch, die Wahrheit zu sagen, nicht viel gewinne. Vergib mir diesen Brief, er soll der und das letzte sein, das Du mir vergibst, und vor allen Dingen entziehe mir Deine treue Meinung und Deinen guten Rat nicht. Er ist mir wahrlich wie die Stimme eines Engels, möge ich auch darüber, was ich wolle, sagen. Was in der Welt wäre und würde es, wenn wir einander unsre Gedanken verschleierten und zurückhielten? Da wäre mein letztes Glück des Lebens, mein Schutzgeist und Orakel, verstummt, verloren und verschwunden. Ich zittre, daran zu gedenken, und bitte Dich um nichts als um Licht, Liebe und Leben, wie mein altes Petschaft sagt.

Diese drei Worte werden auch auf Herders Grabplatte stehen.
Als er sich mit der Herzogin und ihrer Gesellschaft in Neapel aufhält, beruhigt er Caroline:

Träume Dir nichts. Wahrscheinlich komme ich Dir so treu und ganz zurück, wie ich von Dir ging, und ich bin gewiß zehnmal ganzer. Ich lebe in der höchsten Sinnlichkeit von außen so ätherisch-unsinnlich, daß ich selbst keinen Begriff davon in

Deutschland gehabt hätte. Bloße Wollust ist wider meine Natur, und vor allem Attachement hüte ich mich in Italien, wie ich mich noch nie gehütet habe. Tausend Ursachen sind hiezu da, und die vornehmste, daß man so sehr dazu gestimmt ist. Mein innerer Zustand ist Sehnsucht zurück nach den Meinen und nach Dir, meine Liebe; siehe da hast Du mein Herz und meine Seele.

Dann begegnet er Angelica Kauffmann. Bei der ersten Begegnung nimmt seine Seele sie noch gar nicht so recht wahr; der Vierundvierzigjährige beschreibt die um drei Jahre Ältere:

> Sie ist eine feine, zarte, reine Seele, ganz Künstlerin, äußerst simpel, ohne Reiz des Körpers, aber in allem sehr interessant; der Hauptzug ist Simplicität, Reinheit und Feinheit. Schade für die Kunst und Menschheit, daß sie schon etwas altert.

Einige Monate später klingt es schon anders:

> Die Angelica ist gar lieb und hold: leider aber durch die fatale Kunst, in der sie obgleich wie ein Engel existiert, und von Kindheit auf existiert hat, auf ihrem Stamme vertrocknet. Sie ist eine Dichterin mit dem Pinsel, und hat eine sehr zarte Empfindung. Sie grüßt Dich sehr.

Einige Wochen später:

> Angelica, die zarte, treue, reine, feste Seele, grüßet Dich als Schwester und Freundin. Ich bin bei ihr

fast alle Tage; wenn's auch nur Augenblicke wären; sie ist die einzige Seele für mich in Rom. Sie,
die reine, heilige Künstlerin hat mich, ob ich gleich
so ein kunstloser Mensch bin, auch lieb, so daß ich
ihre Bekanntschaft und Freundschaft recht für den
Fund einer tief verborgenen Perle rechne. Sag aber
Goethe hierüber nichts als (all-)gemeine Dinge; ich
will nicht, daß er wisse, wie ich von ihr denke.

Eine Woche darauf:

Hörte Dich im Traum bitterlich weinen. Ich
glaube, daß wir uns einander freudig und mutig
wiederfinden, um uns nie mehr voneinander zu
trennen, in diesem und jenem Leben. Denn alle
Trennung auf die Länge tut doch nicht gut; man
muß auch die Bürden des Lebens gemeinschaftlich
und fest an einander tragen und aushalten. Wir
sind jetzt beide geheilet, und Gott wird uns die
Gnade geben, für jetzt und künftig uns zu leben
und nicht anderen. Die gute Angelica grüßt Dich
herzlich. Sie hat mir den Ring für Dich geschickt,
mit dem ich siegle; ich soll ihn nur diesseit der Al-
pen als mein ansehen und Dir ihn sodann von ihr
schwesterlich geben.

Und er erläutert das Symbol des Ringes, das an »Psyche« erinnert:

daß ihr Seelchen, als ein Schmetterling auf dem
Myrthenkranz, auf unserm Bande der Freundschaft und Liebe ruhe, und auch abwesend unter
uns schwebe. Sie hat eine herzliche Liebe zu mir ge-

faßt, und ich liebe und verehre sie ordentlich wie eine Heilige. Glaube indessen nicht, Herzensweib, daß mich die Freundschaft zu ihr nur einen Tag länger in Rom halten werde, als recht ist.

An ihrem 16. Hochzeitstag verspricht er Caroline:

Wir wollen den weitern Weg unsers Lebens munter und vergnügt antreten: zurücklassen, was nicht zu uns gehört, und mit wenigen treuen Menschen, am meisten mit uns selbst und den Unsern leben. Angelica rechne ich auch zu dieser Anzahl; sie ist an Jahren über mir und mehr eine Seele als ein Körper; sie ist aber ein so treues, gutes Herz, als wenige sein werden, und da sie an mir und durch mich auch an Dir mit einer recht wunderbaren Liebe, und ich möchte sagen Andacht hängt, so wollen wir sie auch in diesen Bund reiner und treuer Freundschaft aufnehmen. Sie grüßt Dich zu tausendmalen: denn ich habe ihr gestern gesagt, daß heute unser Hochzeitstag sei.

Woher stammt Herders Bestreben, seine Freundinnen mit der Ehefrau zusammenzubinden? Er versucht immer wieder zusammenzuführen, was doch besser »eigensinnig« bleiben könnte. Traut er sich nicht, allein etwas durchzuleben, oder wirkt bei ihm eine tiefere Weisheit über die Grundsätze einer Paarbeziehung?
Herder, der Bruder zwischen zwei Schwestern, sucht er diese Konstellation immer wieder? Bei Frau v. Schardt ist Caroline Mitverfasserin von Briefen, in denen sie die Anrede »Schwester« gebraucht, und

Herder will schließlich der geliebten Sophie als »Schwester« die sexuelle Gefährlichkeit nehmen!

In die Beziehung zu Angelica wird die abwesende Caroline fast mystisch eingewebt. Ist Johann Gottfrieds Bemühen der Versuch, Schuldgefühle auszugleichen, indem er Caroline einbezieht?

Und doch stellt er Caroline über alle Frauen, mit schöner Selbstironie, mit Lob und Liebeserklärung:

> Wenn mich etwas in Rom tröstet, sind's die Statuen und Köpfe. Deinen Charakter habe ich auch gefunden, und wir wollen den Namen Electra jetzt fahren lassen: Du bist Ariadne. Zwar bin ich nicht Theseus, und Bacchus, nur insofern ich Wein trinke und Tobak rauche; ich kann Dich auch nicht zur Himmelsgöttin erheben. Dafür habe ich Dich aber auch nicht verlassen, und Deine treue, feste Reinheit, die liebestrunkne Großheit und Anmut Deiner Seele ist eine Gabe, die Dein ist, und Dir keiner weder geben noch rauben kann. Bleibe mein, ich will Dein bleiben, mein süßes, einziges Leben, mein Weib und meine Geliebte, mein Bruder und meine Freundin.

Die Fülle dieser Attribute mögen im Überschwang, nach bald achtmonatiger Trennung und »jungfräulicher Enthaltsamkeit« verständlich und nachvollziehbar sein – aber erdrückt er Caroline nicht damit? Und dann das auffallende »mein Bruder«: was mag diese Anrede in Caroline auslösen, welche »männlichen Charakteranteile« spricht Johann Gottfried damit in seiner Frau an, die bei seiner Abreise mehr Trennungsleid empfunden hat als beim Tod ihrer Mutter?

Zurück in Weimar

In Italien will er nicht wie Goethe als »Kunstbursche« leben und sucht Anschluß an die vornehmste römische Gesellschaft und den päpstlichen Hof. »Bloße Wollust ist wider meiner Natur«, schreibt er an Caroline.

Und nun ist er wieder zurück in Weimar, wo sein Freund Goethe, ohne es zu verbergen, in »bloßer Wollust« lebt. Christianes »Krabskrälligkeit« ist Tagesgespräch. Neugierige »Kose-Weiber« besuchen sie, tuscheln hinter ihrem Rücken über sie, sind schadenfroh, weil Goethe sich nicht zu einer Heirat mit ihr entschließen kann. (Erst im Jahr 1806 wird sie seine Ehefrau.)

Die Herders beteiligen sich nicht an den bösartigen Gesprächen, die über Christiane Vulpius geführt werden. Nur eine spöttische Bemerkung – dieser Spott, unter dem Goethe schon als Straßburger Student hat leiden müssen! – ist von Herder bekannt. Er erwidert auf Goethes harmlose Frage, ob ihm die »Natürliche Tochter« nicht gefalle: »O doch! – Am Ende ist mir aber doch dein natürlicher Sohn lieber als deine ›Natürliche Tochter‹!«

Auch Herder wird noch einmal Vater nach seiner Italienreise. Sohn Rinaldo kommt im August 1790 zur Welt.

Patin ist die Herzoginmutter. Erstaunlicherweise. Denn von Rom aus hat er an Caroline geschrieben, er sei müde des Zusammenhanges mit Fürsten und Fürstinnen. Der reiche Kindersegen belastet die Herders, bei allem Glück, finanziell immer stärker.

Krank. Mißverstanden. Verbittert. Vereinsamt.

So beschreiben Zeitgenossen Johann Gottfried Herder, als er die fünfzig überschritten hat. Nimmt er eigentlich Anteil an dem, was in seinem engsten Freundeskreis geschieht? Leidet er mit, wenn er erfährt, daß Goethes Christiane nach dem ersten Sohn noch vier Kinder zur Welt bringt, die alle bald nach der Geburt sterben? Oder beschäftigen ihn nur seine eigenen Sorgen?

Die Herders machen Schulden und immer wieder Schulden.

In der schriftlichen Zusage des Herzogs heißt es:

1. Will ich seine Schulden bezahlen, und zwar auf eine Art, daß im Publico nichts davon eclatiere.

2. Ihm zum ViceConsistorialPresidenten mit der Versicherung ernennen, daß er nach Abgang von Linckern die würkliche Presidentenstelle erhalten solle.

3. Ihm vom Quartal seiner Rückkunft an 500 Reichstaler inclusive der 300 Reichstaler welche er schon jetzt von mir hat, jährlich zulegen.

4. Ihm die Versicherung geben, daß ich es bei denen Connutritoren der Academie Jena durchsetzen wolle, daß ihm das Universitäts-Cancelariat übertragen werde.

5. Seiner Wittib ein VersicherungsDecret eines Wittwengehalts von 200 Reichstalern.

6. Will ich für die Kosten des Studierens seiner Kinder und für deren Unterkommen sorgen.
Weimar, den 3. Mai 1789
Carl August Herzog zu Sachsen

Allerdings gibt es um die Auslegung dieses letzten Punktes Schwierigkeiten. Goethe scheint den Worten einen anderen Sinn beizulegen und liest 1795 von Caroline:

O hören Sie die Stimme Ihres Gewissens. Was Sie jetzt für die rechtmäßige Forderung einer Familie von sieben Kindern redliches tun, das wird die Vorsehung Ihnen zu einer Zeit, wo Sie es nicht glauben oder denken, an den Ihrigen wieder vergelten... Lassen Sie uns doch nicht als Feinde die Sache behandeln.

Der Herzogin gegenüber wird Caroline noch deutlicher – sie tritt sehr entschieden auf, erinnert an die Mehrarbeit ihres Mannes im Consistorium in den letzten sechs Jahren, als der Herzog eine Ratsstelle eingezogen und dadurch 1200 Taler gespart hat. Herder aber ist krank geworden und das hat im Jahr 1792 den Familienetat mit 1200 Talern belastet...!
Wie eine Löwin kämpft sie gegen die Zumutung:

Diesem Contract aber können jetzt keine neue Auslegungen gegeben werden: als ob der Herzog das Recht habe die Studien der Kinder zu bestimmen und zu lenken. Dies sind Väterliche Rechte; diese haben mit jenem Contract nichts zu schaffen. In keinem Fall hat mein Mann durch ihn seine Rechte und die Freiheit der Kinder verkauft. Dies hätte ausdrücklich bestimmt werden müssen.

Es geht vor allem um die herzogliche Idee, die Ausbildungskosten für August gering zu halten, indem er auf der hiesigen Kanzlei beschäftigt wird. Dagegen setzt Caroline Augusts Neigung für die Naturgeschichte:

so solle er dies Fach ergreifen und sich für die Universität bilden. Es sei einmal der Grundsatz des Vaters, die Söhne das lernen zu lassen, wozu sie Lust haben; das gedeihe auch am besten.

Und sie beschwört Goethe in demselben Brief vom 14. Oktober 1795:

Erinnern Sie sich doch mitfühlend, daß Sie das Instrument des Herzogs bei der Unterhandlung gewesen sind. Dulden Sie nicht, daß der Herzog sein Versprechen so schnöde brechen will. Hier ist es Ihre Pflicht des Herzogs Ehre und Moralität zu retten. Wodurch hat mein Mann diese Treulosigkeit verdient? Lassen Sie uns nicht aufs äußerste bringen, ich bitte Sie dringend. Ich kann beweisen, daß mein Mann seine große Krankheit durch die anhaltende Arbeit im Consistorium bekommen hat. Wer bezahlt uns diesen Verlust? Ich bitte Sie, retten Sie Ihre und des Herzogs Ehre! Ich habe lange genug geschwiegen... Wir brauchen Geld und müssen es vom Herzog erhalten. Er ist es uns schuldig.

Ja, der Herzog wird zahlen – aber es wird nicht reichen. Die Herzogin hat sich sehr fair verhalten, so fair, daß Caroline Abbitte tun muß – und die Schuld auf Goethe abschiebt:

> Erlauben Euer Durchlaucht daß ich Ihnen noch heute für den edelgesinnten Brief, meinen gerührten untertänigsten Dank abstatten darf. Welch ein andrer Inhalt ist in ihm, als der in des H. Geheimen Rat Goethes seinem. Nein, verEhrteste Herzogin, ich will nichts ertrotzen – es haben reine edle Bande uns hier gehalten, diese sollen von mir nicht mutwillig beleidigt werden. Von Herzen bereue ich den Brief, den ich dem H. Geheimen Rat Göthe geschrieben habe. Wie übel tut man, wenn man sich Unterhändler erwählt, und wie sehr können diese die wahre Ansicht der Dinge verrücken.

In der Finanzwirtschaft machen die Herders den Eindruck, Opfer und nicht Täter zu sein. Ob Caroline wenigstens die Ursache der Kalamität erkennt? In einem Brief an den Sohn August blitzt eine Ahnung auf, als sie fordert, er müsse sein Studium abschließen und »aufs tägliche Brot sehen«. Deshalb könne er keinen Dienst ohne Gehalt in einem Kollegium anstreben. Er solle wie der Vater

> von unten anfangen. Steige herab aus dieser eingebildeten WahnWelt, in der wir nichts als Neid, Verdruß, und Verlust erbeutet haben. Hätten wir uns in unserm Stand erhalten, streng bürgerlich, so stünde es anders um uns. Jetzt können wir nicht mehr weiter. Ich gehe sogar nicht mehr aus.

August soll den Umgang mit den »adeligen Burschen« meiden, die ihn nur auslachen, wenn er sich ihresgleichen dünke. »Gedenke an Deine bekümmerte Mutter.«

Zu Beginn der neunziger Jahre ist die Freundschaft Herders zu Goethe noch ungetrübt. Als Goethe 1790 nach Venedig reist, empfiehlt er das »gewisse kleine Erotikon« – nämlich Christiane Vulpius – und seinen Sohn der Fürsorge Herders. Er schreibt ihnen:

> Für die Gesinnung gegen meine Zurückgelassenen danke ich Euch von Herzen; sie liegen mir sehr nahe, und ich gestehe gern, daß ich das Mädchen leidenschaftlich liebe. Wie sehr ich an sie geknüpft bin, habe ich erst auf dieser Reise gefühlt.

Seinen Patensohn »Gustl«, den er besonders ins Herz geschlossen hat, grüßt er in jedem Brief.

Doch die Freundschaft ist bedroht.

Herder begrüßt – im Gegensatz zu Goethe – in der Französischen Revolution die Erhebung eines Volkes gegen die Anmaßung einzelner privilegierter Stände und für die »Humanität«.

Bei der Tafel der Herzogin Luise nennt er den Hof einen »Grindkopf« und die Hofleute die »Läuse«, die sich darauf herumtummeln.

Verbittert wirkt er auf seine engsten Freunde:

> »Ja, er konnte einen bitter auslachen, wenn man etwas mit Überzeugung widerholte, welches er kurz vorher als seine eigene Meinung gelehrt und mitgeteilt hatte.«

Das sagt Goethe über seinen Jugendfreund 1795.

Er weiß, daß Johann Gottfried Herder immer häufiger von Krämpfen und Schmerzen geplagt wird. Er wird zur Ader gelassen; er macht Kräuter- und Brunnenkuren. Nichts hilft ihm wirklich. Er ist nach außen »gallig« und »giftig«. Wahrscheinlich schmerzt ihn am meisten, daß Goethe einen neuen, sehr engen Freundschaftsbund gegründet hat: mit Friedrich Schiller, der im Herbst 1794 Gast in seinem Hause ist.

Schiller nennt Herder einen Mann, der »kalt« sei gegen »das Lebendige«. Caroline wiederum findet Goethe »niederträchtig« und schreibt 1797, als Goethe und Schiller gemeinsam mit den »Xenien« an die Öffentlichkeit treten, an den Freund Gleim: »Wir sind tiefer verwundet von Goethe als durch alles, was in den Xenien steht.«

Goethe ist für sie fortan ein »treuloser Freund«.

Einer, so teilt sie es im gleichen Jahr ihrem Sohn August, dem Patenkind Goethes, mit, der »Hurerei, Gewalt und Unterdrückung« einführen will: »die grobe Sinnlichkeit mit allen ihren Folgen«. »Eine kalte Leiche ohne Herz« – das fügt Johann Gottfried Herder hinzu, das sei Goethe für ihn.

Schiller wiederum findet Herder »wirklich ekelhaft« und »ganz pathologisch« und »voll von giftigem Neid«.

Für Caroline ist es ein Trost, daß in dieser Zeit Jean Paul Friedrich Richter in das »vertrocknete Weimar« (so nennt sie es) kommt. Johann Gottfried klagt ihr gegenüber häufig, daß er sein Leben »verfehlt« habe. Mit Jean Paul kann sie darüber sprechen. Auch er findet, daß Herder sich »wundgerieben« habe in Weimar.

Caroline hält in jeder Situation bedingungslos zu ihrem Mann, der, so schreibt sie, »vom Hof so gekränkt wurde« und dessen Seele so »mannigfaltig trübe« sei. Wie eine Löwin kämpft sie für ihren Johann Gottfried, wenn sie meint, ihm geschehe Unrecht. Sie erträgt seine Launen. Sie glaubt an seine Begabung; und der junge Jean Paul (bis weit nach Mitternacht liest sie in seinem »Quintus Fixlein«!) ist der einzige, von dem sie sich verstanden fühlt in dieser für sie so schwierigen Zeit.

Silberhochzeit

Am Mittwoch, den 2. Mai 1798, feiern Caroline und Johann Gottfried ihren »silbernen HochzeitsTag« mit den Kindern »unter blühenden Bäumen« im Garten hinter dem Haus. Freund Gleim in Halberstadt erhält mit dieser Nachricht ein Bücherpaket; Herder wartet gespannt auf das Urteil des Freundes über seine neuen Werke, schreibt Caroline: »Ihr Beifall gilt meinem Mann für 1000 Leser.«

> Ach, daß man nicht alle Tage so froh und heiter ist! Doch wir wollen den Frühling jetzt so viel geniessen als wir können.

Was ist geschehen?
Die Heiterkeit des Jubelfestes strahlt auf dunklem Hintergrund: Wielands geliebte 14jährige Tochter Wilhelmine ist »vorigen Sonntag« an der Auszehrung gestorben, während die Eltern in Weimar »in der Comödie« gewesen sind.
Während Eltern froh sind und genießen, können Kinder Gefahren erleben, seelisch verderben, ja sterben – und Mutter und Vater wissen nichts. Wie befreiend, daß ihnen die Silberhochzeit Vergewisserung schenkt: Alle Kinder sind zusammen, die aus der Fremde und die, die noch in Weimar leben. Caroline

und Johann Gottfried sind älter geworden seit dem Sonntag damals in Darmstadt, grauhaarig, korpulenter, faltiger. Auch nervöser und reizbarer, sie wissen von mehr Sorgen als vor 25 Jahren, und ihre Kinder sind noch längst nicht »über den Berg«.

Gerade in der schwersten Periode meines Lebens habe ich die bittere Erfahrung, die Macht des Stärkern erfahren müssen – meine Haare sind darüber vor der Zeit ergraut, und meine Gesundheit untergraben. Es ist bitter, es von denen zu erfahren, für die man wohltätige Werkzeuge der Vorsehung gewesen war.

Ob das Ehepaar Müller in Schaffhausen diese Anspielung versteht?
Caroline denkt wohl an die Auseinandersetzung mit dem Herzogspaar und Goethe um die Studienkosten für die Kinder. Sie erinnert sich, was sie getan hat, damit ihr Mann in Weimar bleibt und wie sie der Herzogin bei Geburt und Ehekrisen beigestanden hat. Caroline mag die Leistungen ihres Mannes im Blick haben, seinen Einfluß auf die Erziehung des Erbprinzen und die Seelsorge im herzoglichen Haus. Die Enttäuschung über den Freund ihrer Jugend, Goethe, sitzt tief. Gewiß meint sie auch ihn, wenn sie fortfährt:

Aber ich mußte diese Erfahrung machen, ich mußte vom Wahn und Irrtum geheilt werden, um nur an gleichgestimmte Seelen zu glauben. Und das sind Sie treue Herzen.

Betrachtet sie die Weimarer Verhältnisse, dann liest

der aus Italien zurückkehrende Johann Isaak Gerning im Juni 1798: »Weimar werden Sie nicht viel verändert finden.« Schaut sie aber ihren Mann und sich an, dann muß sie bekennen: »Wir aber sind sehr alt geworden.«

Später mildert sie gegenüber Gleim ab: »daß *Er und ich* schon etwas graue Haare tragen.«

Wie schlimm, daß Tischbein kürzlich Herder »abscheulich, unwahr und uncharakteristisch gemalt« hat. Es »ist schändlich, daß eine solche Unwahrheit verbreitet werden sollte«. Den Stich nach diesem Bild soll Gerning versuchen, zu unterdrücken oder am besten zu vernichten: »alt« schon, aber doch nicht »abscheulich«! Statt dessen gilt es Angelika Kauffmanns Bild von Herder in Kupfer stechen zu lassen und zu verbreiten: Gerning hat es aus Italien mitgebracht.

Und so alt sind sie doch auch nicht – denn ihr bald achtjähriger Rinaldo fordert sie heraus; jetzt ist er »lustig«, vor zwei Jahren jedoch ist er sehr krank gewesen. Zwei Tage haben die Eltern damals zwischen Furcht und Hoffnung gelebt, eine Spannung, die sie immer wieder befällt; nicht nur wegen möglicher Krankheiten, sondern auch im Blick auf ihre Gesundheit: Was wird aus dem Jüngsten, wenn sie vorzeitig sterben?

Ob der Älteste, Gottfried, für ihn sorgen kann? Im nächsten Monat feiert dieser mit seiner Frau den ersten Hochzeitstag – ein wirklich junges Paar. Johann Gottfried und Caroline sind bei ihrer Hochzeit älter gewesen als der 23jährige Gottfried und die 21jährige Henriette Schmidt, Kaufmannstochter aus Weimar; am 5. Juni 1797 haben sie geheiratet.

Heute wird Demoiselle Schmidt mit Herder in Herders Hause vom alten Herder getraut, und heute ist bei Herders großes Gastmahl, und morgen ist es bei Schmidts, wo auch Ball ist...

schreibt Christiane Vulpius am zweiten Pfingsttag an Goethe, der sich in Jena aufhält. Zur Silberhochzeit scheint er auch nicht geladen gewesen zu sein...
Die »Doctors« wohnen »oben unterm Dach«, im dritten Stock, wo Caroline ihnen im Frühjahr 1797 ein Wohnzimmer eingeräumt hat:

Ich lasse die Eierkammer zur Wohnstube zurechtmachen, damit sie Beide bald zusammen kommen können. Der längere Aufschub ist beiden schädlich, und so werden sie denn von der Hand mit uns essen. Dies alles im engsten Vertrauen, lieber August,

erfährt der Bruder am 31. März.
Seine Praxis hat der junge Arzt »bei dem untersten, dem ärmsten Stand«. Die Hofempfehlung und Ernennung zum »Hofmedicus« läßt noch auf sich warten.
Die beiden jungen Leute musizieren viel miteinander, aber ist das schon das Glück dieser jungen Ehe? Können Sohn und Schwiegertochter das Lob Carolines über den Ehestand teilen?
Sie schreibt nach der Silberhochzeit an Gleim:

Wer hat Ihnen gesagt, daß die Ehe ein Wehestand sei? Nein, Bester, die Ehe ist ein Stand der Gesundheit, des SeelenWohlseins, der Ausübung aller menschlichen Pflichten, Leib und Seele werden durch diese schönen Pflichten tätig, munter, strebend zu allem Guten erhalten; die Kräfte werden geschärft und verrosten nicht. Jeden Morgen sehen sich die Liebenden an, sagen sich stillschweigend: ich lebe für Dich, Du für mich. So wird das Tagewerk süß angefangen, und zufrieden geendigt. Der Beifall des Einen ist für den andern Beifall des Himmels und der Erde. Wer so zufrieden ist, ist der nicht gesund und glücklich an Leib und Seele? Nun, weiser Seher, auf! besingen Sie das Glück der Liebenden.

Caroline jedenfalls setzt sich sehr für das junge Paar ein.

Trotzdem scheint Caroline zu Schwiegertochter Henriette keine enge Beziehung entwickelt zu haben, auch nicht nach der Geburt der ersten Enkelin im Jahr nach der Silberhochzeit. Am 22. August ist wieder einmal ein Herder'sches August-Kind zur Welt gekommen, Emilie Caroline Agnes. Kurz zuvor hat das junge Ehepaar eine eigene Wohnung in der Hofmannschen Apotheke bezogen, was die Mutter gegenüber ihrem Sohn August zustimmend kommentiert: »Es sei jedes Menschen Heil, daß er seine eignen Kräfte üben müsse.« Aber sie beklagt Gottfrieds Los in »unwürdigen lieblosen Händen«: Gottfried sei nicht glücklich und müsse infolge der »frühen Wahl seines Unverstandes« büßen!

Das Silberpaar wird noch eine zweite Enkelin erleben, geboren am 30. Mai 1802. Zweieinhalb Jahre nach dem Tod des Vaters stirbt auch der Hofmedikus Dr. Gottfried Herder, 31 Jahre alt. Er hat sich während einer Typhusepidemie angesteckt.

Ob jetzt ein neues Verhältnis zwischen den Witwen beginnt? Was einst *Maria* Carolines Mutter erlebt hat, während ihrer Schwangerschaft den Mann zu verlieren, wird nun auch das Schicksal der Schwiegertochter; sie nennt ihr am 1. November 1806 geborenes drittes Mädchen – *Marie*! Kein Urenkel wird aus der Linie des Erstgeborenen hervorgehen: Agnes lebt ab 1824 in kinderloser Ehe mit dem Hofadvokaten Aulhorn, und die Schwestern heiraten nicht.

Heitere Silberhochzeit unter blühenden Bäumen – es ist gut, auf Jahre zurückschauen zu können! Wie sie sich freuen, daß die »häusliche« Tochter Luise wieder zu Hause ist! Anfang August 1797 haben die Eltern sie in das Erziehungsinstitut der Madame Stieler nach Gotha begleitet, und seit Ostern 1798 lebt die Siebzehnjährige wieder im Elternhaus. Wenn sie da im Kreis der älteren Brüder, die alle eine Ausbildung machen dürfen, auf ihr Jahr in Gotha zurückschaut – ob sie sich benachteiligt fühlt? Offensichtlich ist den Eltern die Ausbildung ihrer einzigen Tochter nicht so wichtig gewesen. Bei den Herders haben die Söhne die bessere Ausbildung: ein Arzt (Gottfried), Dr. phil. (August und Adelbert); dann gibt es einen Kaufmann (Wilhelm) und zwei Forstleute, den königlich-bayerischen Regierungs- und Forstrat Emil und den Forstmeister Rinaldo, in demselben Landesdienst.
Luise bedeutet viel im familiären Gleichgewicht. Das mag für eine gewisse Zeit ihr Selbstbewußtsein gestärkt haben, aber von einem Zeitpunkt an, der schwer zu bestimmen ist, spürt sie ihre Opferrolle. Was die Mutter durchgesetzt hat, den eigenen Lebensentwurf zu verwirklichen, gelingt der Tochter nicht.

Doch scheinen ihre Träume denen Carolines zu gleichen:

> Sie verfertigt soeben Blumen zu einem Kranz, um ihn am Hochzeits-Tag einer ihrer Freundinnen zu tragen, die in 14 Tagen heiratet. Sie selbst bleibt fest entschlossen, nur den zu wählen den ihr Herz wählt,

läßt Caroline Jean Paul am 16. Dezember 1801 wissen.

Aber als Luise sich in den Maler Bury verliebt, der ein Bild von Herder malt – das Caroline sehr gefällt – kommen Mitteilungen von Frau von Berg über Bury, die den Eltern zwar einen »Stein vom Herzen genommen« haben, aber Luise schmerzlich enttäuschen. Wird sie darüber hinwegkommen? Die Eltern jedenfalls sind erleichtert:

> Es ist gerade das, was ich vom ersten Moment an gewußt und gesagt habe. Ich hoffe, die gesenkte Blume wird sich von jetzt an fröhlich aufrichten und frisch und frei blühen. Sie ist, darf ich wohl sagen, die Perle meines Herzens; kein Flecke ist an ihr.

Der Vater ermuntert die Tochter, selbst zu dichten. Offensichtlich läßt sich Luise dafür begeistern. Denn Caroline weist Sohn August am 8. November 1802 auf Friedrich Wilmans' »Taschenbuch für das Jahr 1803« hin, in dem vier Charaden von Luise seien!

Soviel Liebe zur Tochter und Förderung ihrer Talente, verbunden mit Festhalten! Wundert die Stille,

die Luise ausstrahlt? Die Mutter scheint nicht zu begreifen, was in der Tochter vorgeht, wenn sie Jean
Paul berichtet:

Ach, ich muß Ihnen nur bekennen, seitdem Sie
und Bury nicht mehr die Abende da sind, wird
nicht mehr disputiert. Es ist ein allgemeiner Friede
eingetreten – doch tue ich und Rinaldo unser mög-
lichstes, das tiefe stille Meer von Vater und Tochter
in Bewegung zu bringen.

Warum dieses Schweigen? Ein »stiller« Vorwurf der
Tochter? Das schlechte Gewissen der Eltern? Trauert
Luise dem Maler Bury nach? Ahnt der Vater etwas
von ihrer Enttäuschung und ihrem Rückzug in sich
selber – vielleicht ähnelt die Tochter dem Vater?
Mit 28 Jahren wird Luise den 14 Jahre älteren Witwer,
Dr. iur. und Kammerpräsidenten Carl Wilhelm Constantin Stichling heiraten, sechs Jahre nach dem Tod
des Vaters und kurz nach dem der Mutter.
Luise, nach vier Jungen die einzige Tochter, die dann
noch mit zwei jüngeren Brüdern aufwächst – welche
Konstellation für sie, die Mutter, den Vater, die Brüder! Nach ihrer Geburt schreibt Herder am 26. April
1781 an Johann Georg Müller:

Meine Buben sind alle wohl und freuen sich der
Schwester. Sie haben versprochen, mit und für sie
mild zu werden; ich hoffe aber, sie werden die
Schwester mit sich verwildern. Das liebe Mägdlein
heißt Luise Theodore Emilie und ist ihrer Ankunft
nach auch eine wahre Theodora, ein Gottesge-
schenk.

189

Denn nach dem auf Ostern folgenden Sonntag »Quasimodogeniti« (= Wie die neugeborenen Kinder), ist Caroline in der Montagsnacht

> vom 22 auf den 23 April glücklich von einer Tochter entbunden worden: so glücklich, daß sie gar keinen Stuhl gebraucht, sondern auf dem Bett, beinah wie auf Blumen und unter Blüten niedergekommen, und die Hebamme kaum die Stube erreichte, das Kind zu empfangen – eine wahre Quasimodogeniti-Geburt, wofür wir dem Himmel nicht kindlich genug danken können; zumal hier unter den Vornehmen insonderheit, der grausamsten, gewalttätigsten und Totgeburten so viel sind. Sie stand nach einigen Minuten Schmerz vom Bett auf, wie ein neugeborner Engel: sie ist eine wahre Himmelstochter in Unschuld und Einfalt – –

erfährt Freund Hamann.

Und 17 Jahre später – Silberhochzeit unter blühenden Bäumen, und die Tochter inmitten der älteren und jüngeren Brüder.
Die gute Luise, der fleißige Gottfried, der lustige Rinaldo – »verwildert« ist eigentlich nur August. August, der Zweitgeborene, der Patensohn von Hamann und Goethe, Namensvetter von Goethes Sohn.
In Weimar wird er verwöhnt und entzieht sich den Eltern. Als Student lebt er über seine Verhältnisse und bereitet den Eltern Sorgen.
Er ist aber auch ein Sohn, der wohl den Wert der Briefe seiner Eltern geschätzt hat: denn nur von ihm sind ihre Briefe erhalten geblieben!

Zur Silberhochzeit ist er für einige Tage aus Freiburg in Sachsen gekommen, wo er die Bergbau-Praxis lernt, nachdem er das Studium in Jena beendet hat.

Die schlimmsten Jahre scheinen hinter August zu liegen. Als er 1794 zum Studium nach Jena soll, hält ihn Caroline noch für zu jung. Ohne Wissen ihres Mannes schreibt sie an Johann Georg Müller, daß er Herder folgenden Vorschlag unterbreiten soll – sie könne das nicht tun, weil ihr Mann glaube, sie sei »zu sorglich und zärtlich gegen die Kinder«: Müller soll August über den Winter zu sich einladen, um ihn dann an ein Erziehungsinstitut in Neuchatel weiterzuschikken; dort werde auch Sohn Wilhelm lernen. Weimar sei »der heilloseste Ort für die Erziehung der Kinder«, und August sei noch dazu jahrelang der Liebling der Herzoginmutter gewesen. Wer ihre Sympathie habe gewinnen wollen, habe auch »ihm schön getan«; er sei aber diesen Eindrücken »nicht ganz unterlegen«. Der Vater rede nicht mit August über seine Schulergebnisse, »um sich nicht zu ärgern«. So sei er »ohne Wegweiser«, es fehle ihm an Festigkeit und Ordnung in seinen Ideen. Sieben Jahre später verrät Caroline der Nichte Gleims, daß sie die Söhne so bald wie möglich aus dem Hause gebracht habe, da »eine so vorzügliche Uebermacht des Geistes und Willens« wie bei Herder unwillkürlich drückend auf die Jugend wirke.

Doch das ist teuer. Nicht nur wegen der Studienkosten für August in Wittenberg, wo er das für die sächsischen Dienste notwendige juristische Examen 1802 besteht, sondern vor allem wegen der Schulden, die er in seinem unbürgerlichen Leben mit seinen adligen Kommilitonen macht!

Aber August wird seinen Weg machen. Der Dr. phil., königlich-sächsische Oberberghauptmann, heiratet später als Bruder Gottfried, mit 29 Jahren. Caroline hat dann ihre Schwiegertochter Sophie, geb. Hänel noch erlebt, aber nicht mehr den 1810 geborenen einzigen Sohn der beiden, Eugen, der 25 Jahre nach seinem Vater (1853) stirbt, und aus dessen Ehe drei Töchter stammen.

Zur Silberhochzeit sind auch die Söhne gekommen, die den Eltern wenig Sorgen bereiten: Wilhelm, der in Hamburg Kaufmann lernt, und Adelbert, der im Nachbarort Oberweimar auf dem herzoglichen Gut tätig ist. Räumlich wird sich Wilhelm einmal am weitesten entfernen: Er wird Kaufmann in St. Petersburg! Gesellschaftlich wird Adelbert aufsteigen und die unterste Sprosse der feudalen Leiter erklimmen (Herr der Hofmark Stachesried) und damit den Anlaß für den Adelstitel der Eltern und Geschwister geben. Für die jüngeren Brüder scheint er Vorbild gewesen zu sein, obwohl Emil und Rinaldo nicht den Acker, sondern den Wald wählen: Emil besucht ab 1800 ein Forstinstitut, und Rinaldo beginnt nach dem Besuch der Klosterschule Roßleben eine ähnliche Berufsausbildung.

Ein Blick auf die männliche Stammtafel der Familie Herder von 1930 zeigt, daß nur aus der Linie des Kaufmanns Wilhelm und des Forstmeisters Rinaldo Ur-Ur-Urenkel hervorgehen. Die Herders werden also insgesamt 27 Enkel, 19 Urenkel, 15 Ur-Urenkel und (1930) 3 Ur-Ur-Urenkel haben...

Aber niemand kann das unter den blühenden Bäu-

Herder und Caroline beim Kaffee, um 1785

men wissen – und wie nebensächlich mag diese Nach-
kommenschaft gegenüber Herders geistiger Wirkung
auf die Nachwelt sein!
Zunächst sieht es für kurze Zeit so aus, als ob in Stachesried, nördlich von Regensburg, der neue Schwer-
punkt der Großfamilie Herder entstehen würde: Adelbert beginnt mit einer agrar-praktischen Unterrichts-
schule, Wilhelm hilft mit seiner jungen Frau als Kaufmann, Emil wirkt als Fachmann für das Vermessen
des großen Gutes, August untersucht es auf Boden-
schätze und die Eltern erhoffen sich einen Alterssitz
in guter Luft!
Aber Stachesried endet schließlich in einer Katastro-
phe. Was Caroline hellsichtig noch im April 1801
dem Freund Knebel von Wielands und Goethes Guts-

kauf zu berichten weiß und ihm vorrechnet, gilt einen Monat später für Adelberts Plan nicht mehr:

> Mit Gutskaufen geben Sie sich ja nicht ab! Es muß viel hineingesteckt und muß von einem Sachkundigen verwaltet werden, wozu sich der Sohn (hier: Wielands Sohn) erst nach und nach bilden muß.

Ihren Sohn Adelbert überschätzt Caroline, wenn sie ihm einen Erfolg mit Stachesried im fernen Bayern zutraut. Dort arbeitet er als Gutsverwalter bei dem Präsidenten Freiherrn von Völderndorff in Bayreuth. Er ist durch die Vermittlung von Jean Paul und dessen Freund Emanuel zu diesem Posten gekommen. Der Zweiundzwanzigjährige entgeht so einer drohenden Verheiratung durch den Herzog mit einer Pächterswitwe in Oberweimar...

In der neuen Umgebung hört er bald von der Möglichkeit, »ein Gut sehr vorteilhaft zu kaufen«, wie Caroline dem Verleger Hartknoch junior am 16. Juli 1801 berichtet. Schon »im Mai« teilt er diese Gelegenheit den Eltern mit. Adelbert will das Gut verbessern und junge Ökonomen ausbilden, schildert die Mutter im Darlehensbrief an Frau v. Berg am 20. Juli. Gleim erfährt, daß der Sohn alles »brachliegende Land urbar« machen will, und Frau v. Berg, daß er dann einen Teil des Gutes an die »wohlhabenden Bauern des Dorfs« verkaufen und damit seine Schulden tilgen will. Für das geplante »Institut zur Bildung junger Landwirte« wird ein Prospekt gedruckt. Der aus dem Institut erwartete Gewinn soll ihm auch die Melioration erleichtern.

Und was kostet das Gut? Adelbert hat kein Geld, die

Eltern sollen »ihm das nötige Geld dazu verschaffen, wofür er das Gut als Unterpfand gäbe.«

Am 4. August 1801 kauft Adelbert das Gut für rund 80 000 Gulden, und das ohne einen Taler Eigenkapital! 20 000 Gulden werden bar gezahlt, 36 000 Gulden als Hypotheken übernommen, und der Rest von 24 000 Gulden soll in zwei Terminen im kommenden Jahr bezahlt werden. Die Baranzahlung haben sich die Herders vom Herzog von Sachsen-Gotha-Altenburg geliehen, bei der Altenburger Kammer-Leihbank; Frau v. Berg soll zum Darlehen für die fehlenden 24 000 Gulden verhelfen.

In Reichstalern beträgt der Kaufpreis ca. 40 000 Taler. Bei einem Jahresgehalt Herders von etwa 2000 Talern verschulden sich die Eltern in der Höhe von 20 Jahresgehältern!

Die Gesamtfläche des Gutes beträgt »an Äckern, Wiesen, Weiden und Waldungen, zusammen 1299 Tag-Werk à 240 Baierische QuadratRuten«, teilt Caroline Frau v. Berg mit; umgerechnet sind das ca. 265 Hektar. In heutige Verhältnisse übertragen, hat Herder ein Jahresgehalt von ungefähr 100 000 DM, verschuldet sich mit zwei Millionen, und der Quadratmeterpreis des Gutes liegt bei 1,30 DM – ein durchaus akzeptabler Preis, wenn nicht das Ganze auf Schulden gebaut wäre!

Im April 1801 hat Caroline Freund Knebel noch vorgerechnet, daß Wieland bei seinem Gut eine Rendite von »vielleicht kaum 3 Procent« erwirtschaftet, aber weit höhere Zinsen zahlen muß! Diese Einsicht wird sich in Stachesried bitter bewahrheiten, zumal sich die wirtschaftlichen Verhältnisse in den nächsten Jahren rapide verschlechtern: Napoleons Kriegs- und

Wirtschaftspolitik lassen Kapital knapp und teuer werden. Adelberts Pläne – Institut, Urbarmachung, Verkauf – mißlingen *auch* deshalb, aber *nicht nur* aus diesen Gründen. Er ist einfach überfordert. Allein die Zinsen zu erwirtschaften, wird eine schwierige Aufgabe: Schon bei, günstig gerechnet, 4% im Jahr von 40000 Talern, muß er 1600 Taler aufbringen – und dann hat er noch keinen Taler für die Tilgung beiseitelegen können, vom laufenden Lebensunterhalt und den Betriebskosten ganz zu schweigen!

Vielleicht ist ihm, wie auch den Eltern, seine Erfahrung bei der Verwaltung des Gutes Kolmberg für den Präsidenten Völderndorff zu Kopf gestiegen. Caroline schreibt voller Stolz am 2. November 1801 an Gleim, daß der Sohn dem Präsidenten »in diesen kurzen 1⅓ Jahren reine 20000 Gulden erworben« habe. Was da gelungen ist, nämlich mehr als 5000 Taler im Jahr zu erwirtschaften, mußte doch auch in Stachesried möglich sein – das mögen ihre Gedanken gewesen sein. Zumal Caroline dem Prinzen August von Sachsen-Gotha im März 1802 im Zusammenhang mit einer Darlehensbitte von zweimal 1500 Talern zu 4% erklärt, daß Stachesrieds »wahrer Wert« ohne die ansehnlichen Gebäude 209930 Gulden betrage – also fast den dreifachen Kaufpreis!

So hat in einem entfernten Winkel Deutschlands eine Vermögenslose Familie so unerwartet einen Zufluchtsort gefunden! Wir erkennen beschämt und demütig die unsichtbare höhere Hand hierinnen

schwärmt Caroline, nachdem sie mit ihrem Mann

vom 17. August bis Anfang Oktober 1801 dort gewesen ist. Ein trügerischer Glaube! Schon 1802 muß Caroline verschiedene Darlehen zwischen 600 und 1500 Talern für Adelbert erbitten, wenn nicht gar erbetteln. Selbst die geplante Heirat des Sohnes steht unter dem Geldaspekt. Bereits am 11. Januar 1802 versichert Caroline Frau v. Berg, daß Adelbert eine weitere Sicherheit für die Darlehen durch »eine vorteilhafte Heirat« zu erlangen suche.

Zu dieser Heirat wird es niemals kommen. Aber weniger, weil das Mädchen nach der Zusage des Vaters errötend fragt: »Jetzt schon?« (sie stirbt unvermählt), sondern eher, weil der Vater den anfangs »für äußerst vorteilhaft« eingeschätzten Kauf des Gutes bald als Faß ohne Boden erkennt. Er traut dem künftigen Schwiegersohn nicht zu, mit den Schwierigkeiten fertigzuwerden. So gibt es keine Hochzeit – und auch Adelbert stirbt unverheiratet.

Im Herbst kommt Bruder Wilhelm, frisch verheiratet mit Amalie Ellinger, zur Mithilfe nach Stachesried. Am 13. Juli 1803 wird Julius Wilhelm geboren, der tags darauf stirbt; die Mutter folgt dem Kind am 23. Juli. Der junge Witwer verläßt das Gut, besucht Bruder August in Schneeberg und kehrt ins Elternhaus zurück – rechtzeitig genug, um den Vater in seiner Krankheit zu begleiten und mit Schwester Luise und Bruder Gottfried die Mutter zu stützen und zu trösten. Der Kaufmann Wilhelm kommt später in St. Petersburg zu Wohlstand und gibt der Mutter auch finanzielle Hilfe. 1818 schließt er die zweite Ehe mit der 20 Jahre jüngeren Marie Korn. Von ihren fünf Kindern sterben die erstgeborenen jung, Luise und Waldemar.

Das Projekt Stachesried überrollt die Familie und zwingt sogar den Republikaner Herder zur Bitte um den erblichen Adel: die Herders werden sich »von« nennen können. Aber nicht in Weimar.

Der Herzog fühlt sich übergangen und nimmt es ihm übel. So wird Herder den erblichen Adel Schillers vom 1. April 1803 bekanntzugeben haben, erwirkt durch den Herzog beim Kaiser in Wien – und unter dieser Demütigung entsprechend leiden. Erst der schon 1782 geadelte Goethe fädelt mit einem Brief vom September 1803 an Herder einen Kompromiß ein: Der Herzog teilt Herders Adelstitel nicht öffentlich mit, sondern weist lediglich die Kanzlei an, ihn im Schriftverkehr zu verwenden und gestattet Herder desgleichen.

Herder ist Goethe für seine Vermittlung dankbar:

> Für die freundschaftliche Verwendung in der bewußten Sache danke ich auf's verbundenste, und sehe der langsam- etc. kommenden grazia gemächlich entgegen.
>
> Mit, wie ohne von, der Deinigste H.
>
> Weimar 23. Spt. 1803

Doch was versprechen sich die Herders eigentlich von diesem Titel? Denn im Freundeskreis jedenfalls legt Caroline keinen Wert auf den Titel und bittet viele Male, das »von« auf der Briefadresse wegzulassen. Im gesellschaftlichen Rahmen Weimars aber empfindet sie Zurücksetzungen schmerzlich, sie hofft, daß ihr hier der neue Titel eine Hilfe sein wird.

Dem Vater dagegen scheint die Situation seiner Söhne wichtiger zu sein. Ein Brief Herders gibt einen Einblick in die feudalistischen Zeiten:

Ich habe eine Reihe von Söhnen, deren Einen, den Arzt, Sie kennen, deren keiner meinen Stand gewählt hat. Der Eine hat sich die Bergwissenschaft, theoretisch und praktisch, der andre die Forstwissenschaft, ein Dritter die Oekonomie eben also erwählet; und der jüngste wird ihnen wahrscheinlich folgen. Alle diese tapferen Leute, groß, stark, fleißig, unternehmend stehen jetzt nach geendeten oder in bald geendeten Studien und klopfen, jeder an seine Pforte des Eingangs in die Welt, wo ihnen dann bei Gaben, Fleiß und Geschicklichkeit zum besseren Fortkommen (nach bestehenden Routine Deutschlands) die kleine Silbe *von* fehlet. Diese bringt in die ganze Laufbahn des Berg- und Forstmanns, des Oekonomen eine solche Verschiedenheit, als ob Adel und Nicht-Adel durch eine unübersteigliche Kluft getrennt, zwei verschiedne Species der Menschen wären. Amt und Name des Vaters können die Silbe *von* mit den Prärogativen nicht ersetzen, die ihr der Deutsche Adelsinn gegeben.

Ich bin wirklicher Präsident eines unsrer ersten, das ist inappellabeln Landescollegien, des Ober-Consistoriums; eine Stelle, die von jeher Adlige bekleidet haben. Allein für mich diese Auszeichnung zu suchen, wäre mir beim Himmel! nie in den Sinn gekommen, da ich dergleichen Auszeichnung überhaupt eben so klein als lächerlich finde, sie mir auch in meinem Wirkungskreise sehr entbehrlich sind. Meinen Söhnen aber sind sie leider nicht entbehrlich; und als Vater bin ich ihnen dies beneficium schuldig. Ob ich als Schriftsteller einer Auszeichnung dieser Art vom Oberhaupt der Deutschen Nation wert sei? Darüber hülle ich mich auf's bescheidenste in den dicksten Mantel der Unwissenheit: denn wahrlich zu einem solchen Zweck habe ich keine Silbe geschrieben und mit Männern, denen diese Ehre widerfahren ist, setzte ich mich nie in Vergleichung.

Also, um meine Söhne, ihren erwählten Ständen nach, anständig in die Welt zu bringen und sie nicht andern – – nachtreten zu lassen, muß ich aus väterlicher Pflicht für sie alle *mich* um den Adel bewerben.

Wer allerdings so deutlich den Adelstitel relativiert, so offen den Nutzen für die Söhne in den Vordergrund rückt, wird beim adligen Adressaten schwerlich Unterstützung finden, trotz aller literarischer Freundschaft. Einige Jahrzehnte später wird Heinrich Heine die Taufe des »Entrebillet« in die bürgerliche Gesellschaft nennen; Herder schätzt den Adelstitel in der noch bestehenden feudalen Gesellschaft ähnlich ein, wenn er an die berufliche Zukunft der Söhne denkt. Er könnte sich selbst geehrt fühlen, wenn die Adelsverleihung seine literarischen Verdienste anerkennen würde.

Und Herder wird mit seiner Einschätzung recht behalten. Davon setzt ihn ein Brief seines Sohnes Adelbert aus Stachesried in Kenntnis. In diesem Brief informiert Adelbert die Eltern, daß innerhalb eines Jahres nach dem Kauf der Hofmark Stachesried durch einen Bürgerlichen, der bayerische Adel das Einstandsrecht habe: also das Vorkaufsrecht in der Höhe des Kaufpreises.

Aus der bloßen Möglichkeit entwickelt sich eine reale

Gefahr. Denn der bisherige Arbeitgeber Adelberts, Präsident von Völderndorff, hat sich in den Kaufvertrag als erster Einstand eintragen lassen: Der Präsident gönnt seinem Verwalter den Aufstieg zum Gutsbesitzer nicht, sondern will selber kaufen und Adelbert in Abhängigkeit halten!

Als der juristisch versierte Konsistorialpräsident Herder während eines Aufenthalts in Stachesried die aus dem Kaufvertrag drohende Gefahr entdeckt, mobilisiert er seine Verbindung zu Johann Eustachius Graf von Schlitz, genannt von Görtz, dem kurfürstlich-bayerischen Gesandten am Reichstag zu Regensburg. In einem langen Brief vom 12. September 1801 legt er ihm das Problem dar und bittet um die Erhebung in den Adelsstand. Sein Brief spricht aus einer bedrängten Situation:

> Nur, bester H. Graf (mein Geist umarmt Sie bei dieser Anrede) bald, bald. Besser ist's einem Ausbruch zuvorzukommen, als wenn er da ist, ihn mühsam ableiten zu wollen; ich bitte inständigst, meine Frau bittet mit mir.

Schon am 17. September schickt Graf Görtz den Brief an den Kurfürsten, der am 26. September dem Grafen antwortet und Herder den Adel verleiht. Als das Ehepaar am 11. Oktober nach Weimar zurückkehrt, finden sie den Adelsbrief vor. Welche Erleichterung und Freude!

> So war nun die Sorge, der so viel Verdruß mit Völderndorff vorangegangen war, gehoben. Die Vorsehung selbst hatte sie gehoben,

schreibt Caroline erleichtert an Frau v. Berg.

Doch die Erleichterung wird von kurzer Dauer sein, dann ist die Schuldenlawine nicht mehr aufzuhalten.

Den Verkauf des überschuldeten Gutes an die Altenburger Leihkammer, also an den Herzog von Sachsen-Gotha-Altenburg, erleben die Eltern jedoch nicht mehr.

Im Heimatbuch von Eschlkam heißt es lakonisch:

> Weil er in seinem weltfernen, einsamen Schlosse nicht sterben wollte, verkaufte er es an den Herzog von Sachsen-Altenburg und dieser wieder an den Herzog Sachsen-Meiningen-Hildburghausen. Im Jahre 1829 erwarb es der bayrische Staat, verkaufte das Schloß und die Brauerei an den Braumeister Jakob Leonhard und die Grundstücke und Wälder in Einzelpartien an die Bauern des Dorfes, die Besitzungen in Böhmen an die Familie Fischer in Neumark. So ist alle Schönheit und Würde dahingegangen.

Caroline und Johann Gottfried in ihren letzten Jahren

Die Großzügigkeit Carolines fällt in der Weimarer Gesellschaft auf: ihre Großzügigkeit gegenüber Außenseitern! Frau v. Werthern, die sie mit Sophie v. Schardt zum Tee und zur Petrarca-Lektüre mit ihrem Mann nach dem »Consistoriumstag« einlädt, hat eine Liebesaffäre mit August von Einsiedel. Dieser jüngere Bruder des Kammerherren der Herzoginmutter ist ein aus dem Dienst geschiedener Offizier, der seinen teilweise phantastischen wissenschaftlichen Neigungen nachgehen will. Nächtelang diskutiert er mit Herder, beide pfeiferauchend, seine Ideen: so will er nach Afrika reisen, der europäischen Gesellschaft entfliehen, dort aber mit seinen Kenntnissen der Erste und Größte sein. 1785 macht er ernst und entführt die Geliebte in mehr als romantischer Weise: Er täuscht ein Scheinbegräbnis vor! In Tunis aber endet die Reise, und als sie schließlich nach Weimar zurückkommen, versagt ihnen zwar der Hof den Zutritt – die Herders aber lassen beide nicht fallen!

In Ilmenau, wohin sie sich zurückziehen, leben auch zwei andere »Verrufene«: Karl Ludwig von Knebel, Carolines späterer »Seelenfreund« und seine Frau, das »schöne Rudelchen«. Am 8. Februar 1798 hat Knebel Luise Rudorff, die junge Kammersängerin der Herzoginmutter Anna Amalia geheiratet. Das hat er, der ältere Mann, gegen den Widerstand seiner Familie getan. Mit seiner Heirat schützt er den Herzog, der Luise verführt hat, und legitimiert den Sohn aus diesem Verhältnis! Auch wenn sich der adlige Hofzirkel und die »anständigen Damen« Weimars distanzieren, hält Caroline zu den beiden; in manchen Ehekrisen dieses ungleichen Paares helfen die Herders. Ähnlich großzügig zeigt sich nur Anna Amalia, die es sich leisten kann und sich auch verpflichtet fühlen muß.

Weitherzig begegnet Caroline auch Christiane Vulpius, Goethes Lebensgefährtin, die er erst 1806 heiratet. Gilt Christiane in der Weimarer Gesellschaft als persona non grata, so kümmert sich Caroline nicht darum, und Goethe hat ihr das nicht vergessen. Als er 1792 mit dem Herzog zum Feldzug gegen das revolutionäre Frankreich, zur »Campagne«, aufbricht, vertraut er seiner alten Freundin Weib und Kind an. Auch Johann Gottfried, dem Caroline nach Italien die Neuigkeit schreibt und der zuerst befremdet über des Freundes Liaison reagiert, zeigt schließlich Verständnis; Goethe dankt ihm später herzlich für die Konfirmation des Sohnes August.

Nach der Jahrhundertwende, als es Schelling und die Schlegels in Jena »toll trieben« und die »Lucinde« zum Skandal wird, verhält sich Caroline anders:

Ich behaupte nämlich, daß durch diese schamlose Lüsternheit die *Liebe* vernichtet wird – und wenn uns diese zerstört wird, so hätten wir unser süßestes Glück des Lebens verloren,

schreibt sie am 8. April 1802 an Jean Paul. Aus ähnlicher Haltung urteilt sie in einem Brief an Gleim:

Da eben auf dem hiesigen Theater ein Ion von Schlegel aufgeführt worden ist, ein freies freches Stück, eine Versündigung an den Griechen, und an dem Schönen und Edlen. Statt der Pallas, wie sie beim Euripides erscheint, erschien Apollo und bedankte sich für die schöne Lust, die er in der Höle mit der Dame gehabt hatte!! Man traute sich nicht mehr aufzusehen. Solche schamlose Frechheit will man hier für Griechischen Geschmack ausgeben.

Im Jahr zuvor schreibt sie Garlieb Helwig Merkel, einem Förderer des literarischen Ruhmes Herders:

Wir haben in diesen Tagen auf's Neue erfahren, daß die Frauen zu Hause bleiben und nicht in grosse Gesellschaft gehen sollten, in denen fast alle Weiber verdorben werden. Helfen Sie die Sitte des verständig Alten wieder einführen, und die Frauens in einem kleinen tätigen Kreis halten – o welche Wohltat für das gebrechliche Geschlecht.

Welcher »Skandal« ist es, den Caroline so scharf verurteilt?
Die Berlinerin Dorothea Veit, die mit dem um acht Jahre jüngeren Dichter Friedrich Schlegel in Jena zusammenlebt, verstößt gegen alle Anstandsregeln, die Caroline Herder ihr Leben lang eingehalten hat. Dorothea nämlich hat sich von ihrem Mann, dem Berliner Bankier Simon Veit, scheiden lassen. Eine Ungeheuerlichkeit! Eine Scheidung auf Betreiben der Frau ist damals sehr selten, wird schlichtweg als »unsittlich« abgelehnt.
Dorothea Veit aber treibt es noch toller: Sie zieht mit

Friedrich Schlegel zusammen, ist ganz offiziell seine Geliebte – und gestattet ihm überdies, über ihr Liebesleben ein Buch zu schreiben. 1789 erscheint »Lucinde«, ein sogenannter »Un-Roman«, in dem Dorothea in ihrer sinnlich-herausfordernden Art ganz offensichtlich Modell für die Titelheldin gestanden hat. Wegen seiner »Frivolität« und seiner »Enthüllungen« bekommen Schlegel und seine Geliebte gehässige anonyme Schmähschriften.

»Wenn ich seine Geliebte wäre, so hätte es nicht gedruckt werden dürfen«, bemerkt sogar die sonst nicht so zimperliche Caroline Schlegel, die damalige Frau von Friedrichs Bruder, August Wilhelm Schlegel.

Die Brüder Schlegel leben zusammen mit dem Dichter Novalis in einem Künstlerhaus in Jena in einer »Geisterfamilie«, wie sie es nennen. In einem Haus, das zum Mittelpunkt der Frühromantiker wird.

Ob es Caroline Herder mitunter geschmerzt haben mag, daß sie keinen Zutritt zu dieser Jenaer Geselligkeit gefunden hat? Hat sie deswegen so schroff formuliert, daß Frauen zu Hause bleiben sollen, weil sie »in großer Gesellschaft verdorben würden«?

Klingt das nicht bitter?

Schwingt da vielleicht Neid mit?

Schließlich hat sie sich – nach den unbeschwerten Jahren in Darmstadt – zumindest nach außen hin nie einen Fehltritt zuschulden kommen lassen. Goethe hat einst heftig um sie geworben. Franz Michael Leuchsenring hat sie verehrt. (Und sie sogar vor der Ehe mit Herder gewarnt, denn seiner Meinung nach lebte Herder mehr in seiner Gelehrsamkeit als in seiner Empfindung.)

Gehen Caroline mitunter solche Gedanken durch den Kopf, wenn sie hört und sieht, wie unbefangen die Frauen der Schlegel-Brüder ihr Liebesleben genießen, und zwar in aller Öffentlichkeit?

Direkte Darstellung von Liebschaften, sei es auf der Bühne des Theaters oder im Leben der Gesellschaft, lehnt Caroline ab. Schiller aber hat sie für letzteres gelobt: Caroline sei eine der wenigen Frauen in der Weimarer Gesellschaft gewesen, der kein Verhältnis nachgesagt werden kann, obwohl sich interessante Männer um sie bemüht haben.

Ob ihre Schwester Ernestine mahnendes Vorbild für sie gewesen ist? Schon in Darmstadt hat sie erlebt, daß wegen ihr zwei Frauen eifersüchtig gewesen sind: Ihre Schwester wegen der Zuneigung des Herrn Hesse zur jungen Schwägerin, und Frau Merck, weil sich ihr Mann und Caroline so gut verstanden haben. Beiden möglichen Liebschaften ist die junge Caroline aus dem Weg gegangen. In Johann Gottfried hat sie ihren festen Punkt gefunden, auch als Franz Michael Leuchsenring ein Auge auf sie geworfen hat, kann sie sogar mit ihm gegenüber Herder kokettieren. Wenn, dann hätte Goethe gefährlich werden können, aber ist er dazu bereit gewesen? Er konkurriert lediglich in ihrer dichterischen Verehrung mit dem Straßburger Freund.

Den guten Gleim adoptiert Caroline früh für sich als »Vater«:

Wenn ich ein Liedchen machen könnte, so müßte es anfangen ›Ich weiß einen Vater, besser ist kein Vater auf der Welt‹ – Sie raten doch wer der gute liebe Vater ist? Leben Sie recht wohl und vergessen

sie Psyche und das Mädchen nicht, das Sie so lieb
hat. Carol. Flachsland,

so lautet ihre Nachschrift zu einem Brief von Merck
an Gleim vom 27. Juni 1771; die »Mutter«, das wird
Frau von Bescheffer in Bückeburg. Vielleicht liegt
hier der Schlüssel, um Caroline zu verstehen: früh hat
sie den Vater verloren und dann, traumatisch, die
Mutter. Johann Gottfried ist ihre große Liebe. Ihn
will sie auf keinen Fall verlieren, schon gar nicht
durch eigene Schuld, etwa durch einen heftigen Flirt
mit einem anderen Mann. So wehrt sie die stürmi-
sche Verehrung des Dichters Lenz ab, zu den Brüdern
Müller unterhält sie ein schwesterliches (zu Johannes)
oder mütterliches Verhältnis (zu Johann Georg).
Am weitesten wagt sie sich gegenüber Jean Paul
(Friedrich Richter) vor. Der 13 Jahre jüngere und zur
Tochter Luise 18 Jahre ältere ist *der* Mann zwischen
Mutter und Tochter. Sie sorgt sich um ihn wie um ei-
nen Sohn – und wie um einen Geliebten. Jean Pauls
Frau heißt auch Carolina. Als beide in Weimar bei
Herders sind, schreibt Caroline am 4. Juni 1801 an
Knebel:

Richter ist seit vorgestern mit seiner Frau hier.
Diese beweist, daß er ein Liebling der Vorsehung
ist. So verständig und voll Liebe, so natürlich und
ungeschminkt hat sie unsre Herzen ganz genommen. Richter ist fester und ruhiger geworden.
Unsre Herzen haben sich durch dieses gute Weib
wieder gefunden, und werden sich nicht mehr verlieren. Den goldnen Traum meiner Jugend, was
ich meinem Manne werden wollte, realisiert sie an

dem ihrigen. Sie ist gesund an Leib und Seele und hat Kraft, das beste Weib zu sein...

Ist das Carolines Bilanz – ihr goldner Jugendtraum zerstoben?

Ich habe hier keine Seele, die mein Inneres berührt, als mein Weib; vor allem anderen bin ich beinahe los, oder es dient nur zur Verwirrung.

Das hat Herder schon 1780 seinem Freund Hamann geschrieben. Sein Hauswesen, die Gemeinschaft mit Frau und Kindern, sind für ihn immer Zuflucht gewesen – mehr noch: ein wichtiger Kontrast zum »steifen und geblähten Adel« in Weimar.
Als er alt wird, krank und immer übellaunig, da steht Caroline (auch wenn ihre »goldenen Träume zerstoben« sind...) ganz und gar hinter ihm. Gegen die Meinung aller, denn er macht es auch seinen Freunden schwer.
Goethe schreibt:

Mit seiner Krankheit vermehrte sich sein mißwollender Widerspruchsgeist und überdüsterte seine unschätzbare Liebensfähigkeit und Liebenswürdigkeit. Man kam nicht zu ihm, ohne sich seiner Milde zu erfreuen; man ging nicht von ihm, ohne verletzt zu sein...

Herders altes Augenleiden hat sich schon 1801 wieder bemerkbar gemacht. Es gibt Tage, an denen er alles, was er liest, nur wie durch einen Schleier erkennt. »Ich werde alt und unschmackhaft mir selbst und andern«, sagt er, durchaus selbstkritisch. »Ich bin so abgestorben, und alles um mich her ist so abgestorben, daß mir die Welt und ich selbst mir oft genug Schatten und Traum dünken.«

Herder stirbt lange. Caroline ahnt, was ihr bevorsteht: »Ach wie ist das Frühjahr so schön und mein Herz so beklemmt.«

Rückblickend vertraut sie im Januar 1804 Gerning an:

> Ich habe ihm noch eine Abendröte seines Lebens bereiten wollen – ich war fest überzeugt, er würde noch von allem, was ihn drückte, befreit werden.

Caroline will nicht Witwe werden, Johann Gottfried nicht sterben. Versteht sie wirklich, was er sechs Jahre vor ihrem Tod »mit unbeschreiblicher Wehmut« sagt?

> Ach könnte ich mein Leben wieder zurücknehmen, wie anderst anderst wollte ich's gebrauchen – ach ich Tor, warum tat ich nicht, was ich wollte.

Caroline versteht ihres Mannes Seufzen auf ihre Art:

> Mein Schmerz ist unbeschreiblich, wenn ich an das harte Schicksal denke, daß er dem hohen Beruf seines Geistes und Herzens nicht ganz und allein hat leben können – Jeder Edle muß es bejammern – bejammern, daß er an der Fülle seiner Gedanken und Empfindungen, an einem gebrochenen Herzen zu Grunde gegangen ist.

Was aber hat Herder damit gemeint? Hätte er sein Leben wirklich noch einmal beginnen können – wann hätte er es denn »anderst« gebraucht?

Wenn in dem depressiven Ausruf des Todkranken Wahrheit steckt, was kann er dann meinen? Sein Studienfach hat er selber gewählt; aus eigener Entscheidung ist er von Riga fortgegangen. Die Reise mit dem Prinzen hat er freiwillig angetreten und sie auch vorzeitig beendet. Den Ruf nach Bückeburg hat er wegen fehlender Alternativen angenommen – es ist aber sein Entschluß gewesen. Oder hat er sich doch gezwungen gefühlt, weil er für das gemeinsame Leben mit Caroline eine Existenzgrundlage gebraucht hat? Sollte er gar in seiner negativen Lebensbilanz auf dem Sterbebett beklagen, daß Caroline damals die Ehe mit ihm mehr gewollt hat als er selber? Daß sie ihn letztlich nach Bückeburg und Weimar geführt habe? Er hat in Riga mit dem Gedanken gespielt, den geistlichen Stand aufzugeben; ihm ist abgeraten worden, weil er sich noch »ein schönes Kind erpredigen« würde...

Wir wissen es nicht; am plausibelsten könnte noch die Vermutung sein, daß er, als er während der Italienischen Reise die Professur in Göttingen angeboten bekommen hat, den Überlegungen seiner Frau und Goethes Vorschlägen gegen seinen Willen nachgegeben hat. Hier hat er am ehesten etwas getan, was er nicht gewollt hat und könnte sich deshalb rückblickend einen Toren nennen. Indirekt deutet Caroline auch die Weimarer Arbeits- und Lebensbedingungen als Grund für seine Krankheit an. Wie sehr sie aber an dem Bleiben in Weimar beteiligt gewesen ist, gesteht sie sich selber und anderen nicht offen ein. Eher schiebt sie die Schuld den führenden Weimarer Perso-

nen zu, die zweifellos nicht immer fair gewesen sind.
Aber Goethe kennt seinen alten Freund Johann Gottfried so gut, daß er mit Recht zu Caroline sagt, als es
um Göttingen geht:

> Glaubt nicht, daß er dort frei von Verdruß und Är-
> ger sein wird – er wird überall die Neider und
> Heuchler und wie sie heißen, finden – sein Gemüt
> bringt er ja überall mit – also von dieser Seite ist's
> dort nicht um ein Haar besser, als überall.

Sein Gemüt bringt er ja überall mit... Dieses »Gemüt« ist's, das in einem neuen Leben auch hätte neu
werden müssen! Sein Sterben beginnt ja nicht erst
nach seiner Rückkehr aus Dresden, als er nach einem
mehr als dreistündigen Examen in völlig überheiztem
Zimmer am 30. September »erschöpft nach Hause«
kommt.

> Von diesem Tage an war seine Gesichtsfarbe ganz
> verändert und sehr übel – er fühlte und sagte es
> auch, daß er eine Zerstörung in seiner Gesundheit
> empfinde – es kamen noch mehrere Erhitzungen
> und Erkältungen dazu – endlich besah er die Aus-
> stellung der Goethischen Bilder eines Morgens um
> 10 Uhr. Die Zimmer waren noch nicht geheizt –
> diese verschlossene Kälte ergriff ihn so unange-
> nehm, daß er einen Schlag im Genick empfand,
> der sich dem ganzen Rücken mitteilte – er setzte
> sich, um nicht zu sinken. Sobald er sich erholt
> hatte, ging er sogleich nach Hause und ist seitdem
> nicht mehr ausgekommen. Es stellte sich, da er
> sich selbst nicht schonte, nach und nach eine gänzli-

che Atonie aller LebensFunctionen ein – sein Zustand war ängstlich und peinlich. Endlich hat unser Gottfried wirksamer auf Hämöroiden und Blutigel verordnet, und diese taten die gehoffte Wirkung – der Krampf löste sich – der Kopf und der Unterleib wurden freier und die Arzneien wirkten nun vortrefflich. In dieser Besserung hätte er sich nun erhalten können, wenn er sich nicht selbst durch das Examen eines Schulmeisters, das er durchaus in seinem Zimmer halten wollte, aufs neue zurückgeworfen hätte. – Ich selbst bin seit 14 Tagen leidend und habe 8 Tage zu Bette liegen müssen,

berichtet Caroline Frau v. Berg am 14. November 1803.

In ihren »Erinnerungen« meint Caroline in der schlimmen Erkrankung von 1777 den Grund für alles Folgende zu erkennen

Herder hatte die glücklichste Organisation: einen kraftvollen muskulösen Körper, voll Elasticität, blutreich, in tiefliegenden kleinen Adern (daher ihm nicht gut zur Ader zu lassen war) eine breite hohe Brust (nie hat er eine Brustkrankheit gehabt), aber von sehr zarten reizbaren Nerven. Seine Hände und Füße waren äußerst zart gebaut (er hatte, wie Plato, eine zarte Stimme). Starke körperliche Bewegung war ihm bei dieser Konstitution ein unentbehrliches Bedürfnis. Sie machte aber den Aerzten, wenn er krank war, viel zu schaffen. Durch die erste Krankheit, die er zu Weimar hatte (ein Gallenfieber, das nicht radikal gehoben wurde), ward der Grund zu seinen nachmaligen Beschwerden gelegt. Er litt vorzüglich an Hämorrhoiden, an einem Druck in der rechten Seite, der Leber, und in den letzten Jahren an der Gicht. Wollten die Aerzte gegen den überfüllt blutreichen Körper etwas tun, so schadeten sie wieder den zarten Nerven und ihrer großen Reizbarkeit. Für den geschicktesten Arzt war die Behandlung des Kranken eine schwierige Aufgabe.

Aber Herders Sterben beginnt nicht mit den körperlichen Symptomen, sondern in seinem »Gemüt«. Schon mit 33 Jahren schreibt er dem Verlegerfreund Hartknoch:

> Und segne es Dir Gott an den Deinen, was Du in Deiner ersten Jugendliebe mir treuherzig und freund- und brüderlich getan hast. *Du hast mich in die Welt* geschuppt: denn durch Dich kam ich nach Riga und hatte Mut, Riga zu verlassen. Es waren damals Deine und meine besten Zeiten. Gott laße uns noch die Abendröte davon erleben und mich Dich noch einmal und verjüngt sehen.

Doch mit diesem »Schuppen« hat es eine doppelte Bewandtnis: Herder fürchtet, alleine nicht den Mut zu solchen Entscheidungen zu haben, er ist dankbar für den Anstoß von außen. Und doch ist dieses »Schuppen« für ihn auch ein Trauma, völlig unerwartet irgendwo herausgerissen zu werden:

> In heitern Augenblicken glaubte er zuweilen die Erfüllung seines heißesten Wunsches zu ahnen, nur

eine Zeit lang frei von Amtsgeschäften bloß seinen geistigen Plänen und der ungestörten Ausführung seiner Entwürfe leben zu können: aber dunklere Ahnungen verdrängten diese lichteren gewöhnlich wieder in der nämlichen Stunde. Sein Gefühl dabei kann ich mit nichts anderem vergleichen, als mit dem eines auf eine wüste Insel Verschlagenen, der sich an gar nichts anderes als an eine unerwartete Hilfe von oben halten kann. Dies Gefühl von etwas »Unerwartetem« im Lauf seines Lebens lag tief in seiner Seele, und oft träumte es ihm von einer unerwarteten Abreise, wo er vorher mit seinen Geschäften nicht fertig geworden. Daß er nicht alt werden werde, ahnte ihm oft, und er sagte mir es in den letzten Jahren mehrmals bestimmt,

erinnert sich Caroline.

Die Erfahrung des Jugendlichen, unerwartet von dem russischen Militärarzt aus Mohrungen nach Königsberg mitgenommen zu werden, das Erlebnis des jungen Mannes, unerwartet nach Riga »geschuppt« zu werden: dieses Modell zieht sich durch sein weiteres Leben, auch beim Zusammentreffen mit Caroline!

Aber trifft dann tatsächlich etwas Unerwartetes ein, dann reagiert er mit Staunen.

Dies Staunen bei etwas Unerwartetem war ein eigentümlicher Zug seiner Seele, vielleicht eine Folge seines zarten Nervensystems. Er hatte nicht die Gewandtheit, sich augenblicklich in das zu finden, das ihm unvermutet von außen erschien. Ein überraschender fremder Besuch, selbst von bekannten Personen, die ihm lieb waren, oder sonst unerwartete Ereignisse konnten ihn für Augenblicke unbehaglich machen. Auch sein sonst so elastischer, kräftig gebauter und wohlproportionierter Körper hatte die Ungewandtheit, er hatte nie tanzen, fechten und andere körperliche Uebungen (Turnübungen) gelernt,

berichtet Caroline.

Ist es auch »fehlende Gewandtheit«, die es ihm so schwer macht, sich in Gesellschaft, selbst mit Freunden, einzubringen? Auf eine Person kann er sich noch einstellen, hier kann er aus sich herausgehen. Und jetzt, im Alter, scheint sich dieser Mangel noch stärker bemerkbar zu machen: Plötzlich finden sich die Herders »draußen« aus dem gesellschaftlichen Leben, und sie haben es noch nicht einmal gleich bemerkt, sondern erst, als die Einsamkeit ihnen ernstlich zu schaffen macht.

Wer sich der Einsamkeit ergibt,
Ach, der ist bald allein!
heißt es auch bei uns. Das Abschneiden ist so allmählich und unmerklich geschehen, daß ich glaube, auch der letzte Faden ist entzwei, ohne daß wir's recht inne sind, wie oder wann oder wo? Daß die Majorin Kalb übergeschnappt sei, das haben wir hier im Vertrauen gehört. Ist es an dem? –

fragt Caroline Freund Knebel im Januar 1801! Nein, »überschnappen« werden sie beide nicht. Wohl aber sehen sie die Einsamkeit als Schicksal an und nicht als Folge eigenen Verhaltens.

Wie fatalistisch resümiert Herder im September 1801, als er sich an den Grafen Görtz wendet:

Mit zunehmenden Jahren findet man sich immer einsamer und verlassener von alten Freunden; wenn uns einer dergleichen, liebreich, treu und tätig erscheint, ist's, wie ein Stern aus einer anderen Welt.

Herder stirbt lange, aber er sträubt sich dagegen.

Zwei Monate dauerte der Kampf um diese kräftige Natur aufzulösen – sein Geist blieb unerschüttert kraftvoll – nur 5 Tage vor seinem Ende ahndete er's, aber nicht so nahe –. Oft schlang er den Arm um des guten Gottfrieds Hals und sagte: ›Mein Freund, mein liebster Freund, rette mich doch, wenn es möglich ist!‹

In dieser Phase »feilscht« er mit Gott um mehr Zeit:

er bat Gott, ihm nur so viel Zeit noch zu gönnen um das 11te u. 12te Stück der »Adrastea« vollenden zu können – darin wollte er *sein ganzes Bekenntnis* niederlegen.
Vorher, in guten Stunden arbeitete er an der »Adrastea« fort bis zu der herzergreifenden Stelle, womit sich das zehnte Stück schließt; er wollte noch etwas hinzusetzen, und so blieb das Blatt auf seinem Schreibpult offen liegen. Der gute Gottfried sah das prophetische Blatt täglich, dessen Erfüllung immer näher anrückte, mit dem gepreßtesten Herzen: wie er mir nachmals erzählte,

so erinnert sich Caroline. Was las der Sohn? Gersten-
bergs Gedicht eines Skalden über die nordische Mythologie, die mit dem Untergang der Götter endet:

In neue Gegenden entrückt
Schaut mein begeistertes Aug umher – erblickt
Den Abglanz höhrer Gottheit, ihre Welt,
Und diese Himmel, ihr Gezelt!
Mein schwacher Geist, in Staub gebeugt,
Faßt ihre Wunder nicht – und schweigt.

In den »Erinnerungen«, die die Witwe 4 Jahre nach
dem Tod ihres Mannes schreibt, schildert sie die letzten Augenblicke von Johann Gottfried:

O Gott, welch ein Jammer war in uns allen!! Unsere Hoffnung, obgleich immer schwächer, erhielt
sich noch bis zum letzten Tag: – bis er, nach einem
großen Schmerz in der Brust, Sonntag Morgens
den 18 December, in den letzten Schlaf fiel, den
ganzen Tag ruhig schlief, nicht wieder erwachte,
und Abends halb elf Uhr, sanft und ohne Schmerzen – in Gottes Arme hinüberschlummerte. Ach,
all unser Jammer und unsere Tränen konnten ihn
nicht wieder erwecken! Er war der Einzige, für
den wir lebten, unser Schutzengel, der für uns
lebte – – o unerforschlicher Gott! Du wirst mir
alles enthüllen – vielleicht bald!

Von der Beerdigung ihres Mannes berichtet J. G.
Müller:

Am 21 December, Abends um neun Uhr wurde

Johann Gottfried Herder
Federzeichnung. Friedrich Rehberg. 1789

die Leiche Herders in der Weimarischen Stadtkirche zu St. Peter und Paul unter dem Geläute aller
Glocken feierlich und ehrenvoll beigesetzt. Der bis
dahin mit einem dünnen Gewölk verschleierte
Himmel klärte sich während dem Leichenzuge auf,
und leuchtete zugleich mit funkelnden Sternen, ›als
blicke der verklärte Geist, gleich den Geistern Ossians, von der heitern Sternenbühne auf seine sterbli-

che Hülle und seine Lieben freundlich herab.‹ Der erste Diakonus an dieser Kirche, Herr J. G. Zunkel, hielt vor vier- bis fünftausend Zuhörern eine aus einem wahrhaft gerührten Herzen geflossene Gedächtnisrede.

Die Kinder sind alle bei der Mutter, auch August –

ach, er kam nur in dem Augenblick da seine heilige Seele entflohen war – ach das war eine Jammer-Scene

erfährt Frau von Berg.
August fordert der Mutter nur noch wenig ab nach dem Tod des Vaters. Sie zieht im Juli 1804 mit Luise und Rinaldo zu ihm. Mit Emil, Rinaldo und Adelbert hat Caroline aber noch viele Sorgen. Die Witwe bleibt weiterhin eine Mutter, die sich um alles kümmert. Emil ist 20 Jahre alt, als der Vater stirbt, Rinaldo 13. Emil, körperlich schwächlich und seelisch empfindsam, braucht die Mutter besonders. Doch braucht sie ihn auch. In ihren Briefen ist er ihr »Engel« und sie seine »ewig treue Mutter«. Sieht sie in ihm ein Abbild des Vaters? Oder ist es so, wie Herder an Gleim schreibt, als er 1783 den Neugeborenen sieht:

Emil Ernst Gottfried ist der Name des kleinen zarten lieben Jungen, der als ein vaterlos geborener Knabe das Antlitz seiner Mutter mit sich trägt, also ein Engelsantlitz. Er hat ein zartes Körperchen; meine Frau ist schwächer als sonst.

Ob Mutters- oder Vaterskind – Caroline sorgt sich um Emil:

> Ich bin oft in Sorgen, daß Du Dich bei den Arbeiten zu sehr übernimmst und Dein Gemüt zu sehr bewegst. O tue es nicht, lieber Engel; denke an den guten Vater, wie er das Opfer seines besten Willens geworden ist – und ach für wen!

Wie August kann Emil mit Geld nicht umgehen, Bücher und anderes kosten viel. Die Mutter hilft ihm oft aus, zu oft; denn die Vormünder machen ihr den Vorwurf, daß sie ihn ruinieren werde, wenn sie ihm so leicht Geld verschafft. Als Emil 1808 wieder Geld braucht, 1000 Taler, antwortet sie ihm, sein Erbteil sei »fertig«, sie und Luise hätten sich »in Lumpen gekleidet«. Sie »zitterte vor der Zukunft«! Beruflich pendelt Emil zwischen Forstbeamtenlaufbahn und wissenschaftlichen Ambitionen. Er löst als bayerischer Forstrat das Problem, indem er schon 1839 in den Ruhestand geht und sich dann mit wissenschaftlichen Studien in Erlangen beschäftigt. Er gibt das »Lebensbild« seines Vaters heraus, auch sein »Journal meiner Reise« von Riga nach Nantes. Der in die Revolution von 1848 involvierte Sohn Ferdinand wird dann den Briefwechsel seines Großvaters publizieren.
Emil ist zweimal verheiratet – mit derselben Frau, Luise Huber! Ihre Mutter ist Therese Huber, geschieden von Georg Forster, dem Weltreisenden und Mainzer Jakobinerführer, eine geborene Heyne aus Göttingen – gute, sehr gute Bekannte der Herders. Vor dieser möglichen Schwiegermutter warnt Caroline den Sohn:

Sie ist ein herrliches, geistvolles Weib mit einem
großmütigen und heißen Herzen, aber dies Herz
läuft immer mit ihr auf und davon. Sie hat mächtig
und herrschend auf ihre beiden Männer gewirkt.
Sie ist nun einmal ein solch präponterantes Wesen.

Emil heiratet Luise 1813, wird 1816 geschieden – und
1822 heiraten sie wieder und haben fünf Kinder, von
denen die ersten drei früh sterben.
Große Sorgen erleben Mutter und Tochter mit Rinaldo. Er läßt sich von den Frauen nichts mehr sagen:

Er war und blieb verstockt, sagte mir nie die
rechte Wahrheit, wo er hinging, und wenn ich darauf bestand, er solle zu Hause bleiben, so stürmte
er nur desto ungehorsamer fort: ›er stehe nicht
mehr unter den Weibsleuten‹.

Gegenüber J. G. Müller erklärt sie sein Verhalten aus
seiner Verwöhnung als Jüngster:

Er war der Liebling des Vaters und der ganzen Familie. Alles spielte, neckte, schäkerte mit ihm; keiner seiner Lehrer konnte sich seiner lebhaften Phantasie bemächtigen oder ihn lehren zu lernen.

Schon früh fühlt er sich zu Frauen hingezogen. Er
liebt Vergnügen und Nichtstun, will preußischer Offizier werden, weil er dann, wie er meint, nicht viel zu
tun haben werde… Caroline ist froh, als er 1808 auf
dem Ettersberg bei Weimar den Jägersberuf erlernt.
Danach kommt er auf die Forstakademie in Aschaffenburg. Dort fördert ihn der Fürstprimas von Dal-

berg – der Name Herder gilt ihm etwas aus Erfurter Zeiten. Noch 22jährig heiratet er am 24. Februar 1813 die zwei Jahre ältere Anna Maria Hoffmann; ihr erster Sohn, Johann Jakob Gottfried, wird am 7. Oktober 1813 geboren.

So etwas wie einen Ruhestand erlebt die Witwe nicht – die Söhne fordern die Mutter, und auch das geistige Kind ihres Mannes, die Herausgabe seiner »Gesammelten Werke«, lassen die kranke und erschöpfte Frau unermüdlich tätig bleiben.

Schon im Herbst 1803, als Herder noch gelebt hat, hat sie mit dem Verleger Cotta die Verbindung geknüpft. Im selben Brief, in dem sie J. G. Müller den Tod ihres Mannes mitteilt, heißt es auch:

Wenn die Schmerzens-Tage und Wochen besänftigter sind, werde ich Ihnen wegen der Herausgabe seiner Schriften schreiben. Wir zählen auf ihren Rat und etwaige Beihülfe bei dem Ordnen der Theologischen Schriften – denn Ihr Geist ist dem seinigen nahe und verwandt.

Diese Tatkraft, das ist Caroline. Sie berät in der Auswahl der Werke und Bearbeitung, sammelt Briefe ihres Mannes, trägt Mitteilungen für die Biographie zusammen, die sie selber schreibt, und erlebt schließlich den Erfolg – auch den materiellen: In den letzten beiden Lebensjahren wird sie endlich frei von finanziellen Sorgen!

Auf dem Weg dahin sind im Dezember 1805 die ersten Druckfahnen ein großer Ansporn; glücklich dankt sie J. G. Müller:

Tausend-, tausendmal drücke ich Sie an mein
Herz. Ich bin voll Wehmut, Liebe und Hoffnung!
Ach, sein verklärtes Angesicht erscheint mir so hei-
lig, so verjüngt. Ich sehe und höre nur ihn, will
auch seinen Willen vollenden und zu ihm eilen.
Alles ist recht und herrlich, wie Sie's einrichten,
und was Sie dabei sagen, notwendig.

Dies schreibt sie aus Freiberg in Sachsen, wohin sie
mit Luise im Sommer 1805 umgezogen ist: August
hat geheiratet, und sie folgen dem jungen Paar. Die
Witwe ist mit Luise und Rinaldo im Juli 1804 von Weimar fortgegangen. Der Klatsch um Augusts Spielschulden, die Herders Tod verursacht haben sollen,
hat sie sehr verletzt, und das Pfarrhaus ist sowieso
eine Dienstwohnung gewesen. Sie gehen zu August
nach Schneeberg im Erzgebirge. Mitte Oktober 1804
ziehen sie aber dann nach Jena um – die Stadt und die
Freunde dort verhelfen ihr jedoch nicht zu dem erwar-
teten »Seelengenuß«. Bei dem jungen Paar in Freiberg bleiben sie dann auch nur kurz, zwei Jahre. Was
treibt sie fort? Gottfrieds Tod am 11. Mai 1806? Die
Nachrichten von der Plünderung Weimars durch die
Franzosen im Oktober 1806, die auch ihren Besitz
dort betreffen? Ist es das rauhe Klima des Erzgebir-
ges, das der Gichtgeplagten Krücken aufzwingt? Sind
es die Briefe des Vormundes, die sie zurückrufen?
Oder sorgt sie sich um Luises Zukunft:

Die Luise kommt fast aus jeder Gesellschaft wie
der Fisch vom trocknen Erdreich zurück!

liest Emil. Es wird eine Mischung aller dieser Gründe gewesen sein – vor allem aber die Pflicht:

> Wie es mir und Luise zu Mute ist, hin nach Weimar, das magst Du fühlen, wo unsere Geliebten tot sind! O Gott! Ich will mich aber sogleich in meine Pflicht und Arbeit hineinstürzen und mich meinen Empfindungen nicht überlassen,

bekennt sie Emil.

Anfang August 1807 ist sie wieder in Weimar. Luise und Caroline werden gut aufgenommen, besonders von Herzogin Luise. Herder werde mehr als früher verehrt; wer Luise auf der Straße begegne

> von Bürgerlichen und allen Ständen, sei freundlich und ausgezeichnet teilnehmend.

Aber mit dem Freund ihrer Jugend, Goethe, trifft sie sich nicht mehr.

> Daß Goethe des Vaters Tod sehr angegriffen habe, und er jetzt gute Gesinnungen über ihn äußern soll, ach, das hat jetzt ganz und gar keinen Wert für mich, Goethe ist für mich tot,

bekennt sie voller Härte.

Caroline geht an die Arbeit, ordnet Rechnungen und Zahlungstermine. Die Versteigerung von Herders großer Bibliothek ergibt 4000 Taler. Damit werden die Schulden der Söhne beglichen – ihre eigenen Gläubiger müssen noch warten, aber nicht mehr lange! Nach dem Tod ihres Mannes erhält sie die im Zusammenhang mit den Göttinger Berufungsverhandlungen zugesicherte Pension; Herzogin Luise gibt noch 100 Taler dazu,

> so daß ich mich mit 400 Talern mit Luise durchzubringen hoffe. Für Rinaldo will der Herzog jährlich zu seiner Erziehung beitragen.

In ihren letzten Lebensjahren regelt sie sorgfältig die Erbschaft für die Kinder, besonders den Gewinn aus der Herausgabe der »Gesammelten Werke«. In den Briefen an die Söhne August und Emil stehen Einzelheiten bis in die Kleinigkeiten – und offene Zurechtweisung zum Schutz von Luise und Rinaldo:

> Ihr alle habt so beträchtliche Summen voraus erhalten, und diese beiden noch keinen Pfennig. Also, liebster Emil, füge Dich der Gerechtigkeit und Notwendigkeit.

Aber ihr ist ein Genuß der letzten Jahre versagt. Die Gicht macht ihr sehr zu schaffen:

> Ich werde Gott danken, wenn ich nur an Krücken wieder gehen lerne. Es geht nun ins dritte Jahr, daß ich weder stehen noch gehen kann, man muß mich überall hintragen,

beschreibt sie 1809 ihren Zustand. Im Februar dieses Jahres kann sie dem jungen Ehepaar in Freiberg bekennen:

Mein Tagewerk ist ja vollbracht, und Er wird ja die rechte Stunde für mich wissen und ersehen.

Im August plant sie trotz aller Beschwernisse noch eine Reise: Sie will den aus österreichischer Kriegsgefangenschaft entlassenen Emil in Freiberg bei Sohn August treffen und die Hochzeit von Luise mit dem Kammerpräsidenten Stichling dort mitfeiern.
Doch sie wird die Hochzeit ihrer Tochter nicht mehr mitfeiern. Der Tod ist schneller. Am 15. September 1809 stirbt sie an »Gicht und Schlag«. Im Familiengrab der Stichlings findet Caroline ihre letzte Ruhestätte.
Luise berichtet dem Freund der Familie, J. G. Müller:

So ist sie dann von uns gegangen, die edle Mutter. Still und schmerzlos war ihr Ende und schlummerte sie hinüber.

Der Tochter erscheint es wie »das Ende einer Heiligen« – ob sie weiß, daß der Vater in einem Brief aus der Verlobungszeit, aber auch später auf dem Weg nach Italien, sie ebenfalls eine »Heilige« genannt hat? Caroline läßt ihre Kinder wissen:

So lebet wohl, liebste Kinder! Friede, Friede Gottes, Eintracht, Liebe und der gute, große Geist Eures Vaters seit mit Euch und sei Euch mehr wert als die Güter der Erde. Gönnet Eurer armen Mutter eine sanfte Ruhe! Meine Liebe und meinen Segen lasse ich Euch allen. Wir werden uns wieder finden im Reich des Lichts und der Liebe.

Im Sterbeeintrag der Stadtkirche Weimar steht, daß Caroline im Alter von 59 Jahren am 15. September an »Gicht und Schlag« gestorben ist und am 17. September 2 Uhr, also nachts – das ist besonders vornehm gewesen – mit der ganzen Schule 1. Classe im Cammerrath Stichlingschen Erbbegräbnis beigesetzt worden ist. Nachmittags 3 Uhr hat die Trauerfeier stattgefunden in der Jakobskirche mit der Leichenrede des Generalsuperintendenten Voigt – Herders Nachfolger – und Gesang von Chor und Kurrende unter Stadtkantor Kestner.

Wer heute in Weimar über den Alten Friedhof geht und zu dem Stichling'schen Erbbegräbnis kommt, entdeckt auch die Grabplatte für Caroline Herder.

Was dort nicht stimmt, ist ihr Geburtsdatum.

Statt des 28. Januar 1750 meißelt der Steinmetz den 25. Februar 1751 ein.

Wer hat sich da um Jahr, Monat und Tag geirrt?

Als es Personalausweis und Geburtsurkunde noch nicht gibt, kommt es schon vor, daß Menschen ihren richtigen Geburtstag nicht kennen. So feiert Christiane Vulpius, Goethes spätere Frau, lebenslang ihren Geburtstag an einem falschen Datum. Aber so verhält es sich bei den Herders nicht. Die Kinder gratulieren der Mutter am richtigen Tag, z. B. als der Vater Italien bereist. Es gibt einen lebendigen Brief Carolines an ihren Mann nach Neapel vom 30. Januar 1789:

Den achtundzwanzigsten, an meinem Geburtstag hat's den ganzen Tag beinah warm geregnet; ich stand fröhlich auf, und war meines Daseins froher als jemals; warum? weiß ich nicht, denn ich bin leider um kein Haar besser geworden. Daß Du mein

228

erster und letzter Gedanke an diesem Tag warst, darf ich Dir nicht sagen, liebstes Herz; die Kinder bereiteten mein GeburtstagsTischchen. Gottfried gab ein Paar Handschuhe mit einigen Versen, August ein Messer und Verse, Wilhelm ein Nadelbüchschen mit Nähnadeln. Adelbert eine *Waage!* (dies Geschenk hat mich am meisten gefreut und soll mir ein neues Symbol des Lebens sein.), Luise Blumen und Verse, die die Jungfrau Schwarzin gemacht und Emil hat mir eigentlich das größte Geschenk gemacht, seinen ganzen Reichtum.

Er bestand in zwei Nadelbüchschen, die er kürzlich bekommen und die er sehr lieb gehabt hatte und einen Kupferstich von der Herzogin; mit diesem trug er sich wohl sechs Tage vorher und zählte den Geburtstag herbei. Kurz, wir waren vergnügt und Dein Geist war unter uns. Wenn Du den Tag vergessen hast, so haben wir Dich unwissentlich zu uns gezaubert.

Wer so feiert, kann doch nicht vergessen! Beim Tod der Mutter leben sechs Söhne und Tochter Luise. Auch wenn sie nicht mehr alle in Weimar wohnen, so haben sie das Grab doch wohl einmal besucht. Zumindest Luise hätte das falsche Datum bemerken müssen, denn sie heiratet nach dem Tod der Mutter den im selben Jahr (1809) Witwer gewordenen Carl Wilhelm Constantin Stichling, in dessen Familiengrab Caroline beigesetzt wird.

Und dann der Grabstein selber! Ein barocker Stein im Jahre 1809 – wo stammt er her? Von Vorfahren der Stichlings aus dem Familiengrab? Oder hat ihn der Steinmetz aus seinem Vorrat angeboten, zur preiswerten Wiederverwendung nach Abschleifen der früheren Inschrift? Ursprünglich wird der Grabstein an einen Mann erinnert haben; denn die erhaltene Überschrift, mit ihrer Anspielung auf verschiedene Bibelstellen, will zu Caroline nicht recht passen: *Dem Sieger die Krone* – war sie das: eine Siegerin?

Caroline teilt die Oberfläche des Grabsteins mit ihrem Enkel und dessen sehr alt gewordener Frau – vielleicht haben sich spätere Generationen im Geburtstag ihrer Vorfahrin geirrt...

Caroline ruht auch nicht mehr am ursprünglichen Ort: Als der Jakobsfriedhof aufgegeben wird, läßt Luise das Stichling'sche Erbbegräbnis 1852 auf den »neuen« Friedhof, den jetzigen »historischen Friedhof« überführen.

Caroline wird also nicht im Grab ihres Mannes beigesetzt. Johann Gottfried Herders Grab findet sich dort, wo er Jahrzehnte zu hören und zu sehen gewesen ist, in der Stadtkirche von Weimar: unter einer erst Jahrzehnte nach seinem Tod gegossenen Platte mit den Worten seines Siegelrings »Licht, Leben, Liebe«.

»Dem Sieger die Krone!«

Noch einmal die Frage –

war Caroline das: eine Siegerin?

Sie, Frau Herder, hat sich selbst nie so gesehen, hat zumindest nie gewagt, nach außen so zu wirken.

Herder, der sich als Schatten Goethes gefühlt hat, hat Caroline in *seinen* Schatten gestellt.

Sie sei nur noch »ein kleines Ich«, hat sie über sich nach dem Tod ihres Mannes gesagt.

Wer weiß: vielleicht hat *seine* Größe *ihr* Ich manchmal zu klein gemacht?

Zeittafel

Mohrungen – Königsberg (1744–1764)

1744
25. August: Johann Gottfried Herder wird als drittes Kind des Elementarschullehrers, Glöckners und Kantors Gottfried Herder und dessen zweiter Frau Anna Elisabeth, geb. Peltz, in Mohrungen (Ostpreußen; heute polnisch Morag) geboren.
In dem von biblischer Frömmigkeit geprägten Elternhaus wächst er zwischen den Schwestern Anna Louise (1741–1767) und Catharina Dorothea (1748–1793) auf. Ein jüngerer Bruder stirbt 1755, wenige Jahre nach der Geburt, und eine ältere Schwester stirbt ebenfalls früh.

1760
Bei dem neueingestellten Pfarrer Trescho, der auch schriftstellerisch tätig ist, leistet Herder Schreiberdienste und lernt in dessen großer Bibliothek antike und zeitgenössische Literatur kennen.

1762
Im Januar schickt Herder dem Buchhändler Kanter in Königsberg seine Ode »Gesang an den Cyrus«. In diesem ersten, anonym veröffentlichten Gedicht preist er den Zaren Peter III., weil er Frieden schloß und das im Siebenjährigen Krieg eroberte Ostpreußen räumen ließ.
Der russische Militärarzt Schwartz-Erla nimmt im Sommer Herder nach Königsberg mit, um ihn dort zum Chirurgen ausbilden zu lassen. Bei der ersten Leichenöffnung fällt Herder in Ohnmacht.

Er erfüllt sich seinen Studienwunsch und besteht am 10. August glänzend das Aufnahmeexamen für die Theologische Fakultät. Er besucht Vorlesungen von Immanuel Kant, schließt Freundschaft mit seinem späteren Verleger Johann Friedrich Hartknoch und mit Johann Georg Hamann, bei dem er Englisch lernt. Er wohnt in der Internatsschule Collegium Fridericanum, wo er auch Nachhilfestunden und Unterricht gibt. Gedichte entstehen, Rezensionen und literaturtheoretische Betrachtungen.

Reichenweier – Darmstadt (1750–1773)

1750
28. Januar: Carolina Maria Flachsland wird als jüngste Tochter des württembergischen »Hochfürstlichen Amts- und Kirchenschaffners der Grafschaft Horburg und Herrschaft Reichenweier im Elsaß« Johann Friedrich Flachsland und seiner Frau, einer geborenen Mauritius, geboren. Ihre Geschwister sind: Franziska Friderica (* 1738), Ernestine Rosine (* 1742), Sigmund (* 1744), Friederike Katharina (* ca. 1746). Es folgen noch: Ferdinand Maximilian (* 1752) und zwei jüngere Brüder, die 1754 und 1756 sterben.

1755/56
Am 18. April stirbt der Vater; im Januar 1756 stirbt die älteste Tochter. Die zweite Tochter Ernestine Rosine wird Mätresse des Landgrafen von Hessen-Darmstadt. Ludwig IX. residiert lieber im Militärlager Pirmasens als bei seiner Frau in Darmstadt, der künstlerisch-engagierten und für das Ländchen sorgenden »Großen Landgräfin« Caroline. So lebt die Witwe Flachsland mit ihren vier anderen Kindern bald auch von den Unterstützungen des Landgrafen...

1766
Die Mutter von Caroline stirbt. Ihre Schwester Friederike Katharina ist mit dem Geheimen Rat Hesse verheiratet. In dessen Haus nach Darmstadt kommt Caroline mit ihren bei-

den Brüdern wahrscheinlich 1768 und trifft ihre Schwester
unglücklich verheiratet an.

Riga (1764–1769)

1764
Am 22. November verläßt Herder Königsberg, er kehrt nie
wieder in seine Heimat zurück. Der Zwanzigjährige hat an
der Domschule in Riga eine Hilfslehrerstelle angeboten bekommen und wird mit großem Erfolg Naturkunde, Mathematik, Geschichte, Französisch und Deutsch unterrichten.
Er lernt in der Hafenstadt viele östliche Nationalitäten kennen und entwickelt sein Nationalbewußtsein. In der vorneh-
men Gesellschaft von Riga ist er bald beliebt und angesehen.

1765
Im Februar legt Herder sein Erstes Theologisches Examen
ab und erhält einen Predigtauftrag an der Domkirche. In seinem Aufsatz »Der Redner Gottes« zeichnet er sein Ideal
vom Kanzelredner, das er in der Praxis auch einlöst: Seine
Gottesdienste sind sehr gut besucht.

1766
Herder wird Mitglied der Freimaurerloge in Riga.

1767
Der Rat der Stadt stiftet für Herder eine außerordentliche
Predigerstelle (Pastor adiunctus). Er bleibt Lehrer und wird
Prediger.
Es erscheint anonym in 1. Auflage seine Sammlung von
Fragmenten »Über die neuere deutsche Literatur«, die
zweite Auflage folgt bereits 1768.

1769
Kunstgeschichtliche Betrachtungen und literaturkritische
Auseinandersetzungen in den anonym erschienenen »Kritischen Wäldern«. Herder leugnet seine Verfasserschaft in
der Auseinandersetzung mit den kritisierten ›Literaturpäp-
sten‹ Klotz und Riedel.

Um weitergehenden beruflichen Bindungen in Riga zu ent-
gehen und einen neuen Anfang machen zu können, bean-
tragt er seine Entlassung aus dem Dienst, die ihm der Rat
nur ungern gewährt.

Nantes – Paris – Eutin – Darmstadt – Straßburg (1769–1771)

1769
Am 25. Mai beginnt seine Schiffsreise über Kopenhagen
nach Nantes.
Dann bleibt er einige Monate in Paris. Er lernt aus dem
Kreis der Enzyklopädisten Diderot kennen. Herder bekommt das Angebot, Erzieher und Reisebegleiter des Erbprinzen von Holstein-Gottorp zu werden.

1770
Nach Aufenthalten in Amsterdam und Hamburg, wo er
Lessing und Matthias Claudius trifft, nimmt er seine Tätigkeit in Eutin auf. Die Kavaliersreise des 17jährigen Prinzen
soll bis Italien gehen und führt zunächst über Hannover,
Kassel und Göttingen zu der landgräflichen Verwandtschaft
in Darmstadt mit vielen Prinzessinnen im heiratsfähigen Alter.
In Darmstadt lernen sich Maria Carolina Flachsland und
Herder kennen und lieben. Sie hört ihn am 19. August in
der Schloßkirche predigen. Ihr eigener Lebensentwurf der
Liebesheirat muß in fast drei Trennungsjahren errungen
werden, erkennbar in einem Briefwechsel von 1000 Druck-
seiten.
Auf der Weiterreise über Karlsruhe trennt sich Herder im
September in Straßburg von der adligen Reisegesellschaft,
in der er als Bürgerlicher viel Zurücksetzung erfährt. Er hat
mittlerweile eine Berufung nach Bückeburg als erster Geist-
licher und Konsistorialrat erhalten: Der Graf Wilhelm zu
Schaumburg-Lippe hat mit Interesse Herders Würdigung
des verstorbenen Thomas Abbt gelesen und will ihn nun
für seine Residenz gewinnen. Zunächst aber will Herder in

Straßburg seine Tränenfistel operieren lassen, die ihn seit der Kindheit quält. In den Wochen der mißlungenen Operation beginnt die Freundschaft Goethes mit Herder, der die 1771 von der Berliner Akademie preisgekrönte Abhandlung »Über den Ursprung der Sprache« verfaßt.

Bückeburg (1771–1776)

1771
Nach einem mißglückten Wiedersehen mit Caroline im April in Darmstadt besucht Herder in Frankfurt Goethes Eltern und reist über Kassel nach Bückeburg.

1772
Es beginnt die herzliche Beziehung zur gleichaltrigen Landesherrin, Gräfin Maria Eleonora; ihr Geburtstag und der ihres Zwillingsbruders wird zum Todestag der Mutter. Sie selber stirbt 1776 an ihrem Geburtstag. Ihre pietistisch geprägte Frömmigkeit fordert Herder heraus.
In Darmstadt kommt wiederholt Goethe in den »Kreis der Empfindsamen« und verehrt Caroline als »Psyche« im »Fels-Weihegesang«.
Herausgabe der Programmschrift des Sturm und Drang »Von deutscher Art und Kunst« mit Aufsätzen von Herder, Goethe, Möser und Frisi.

1773
Hochzeit von Caroline Flachsland und Johann Gottfried Herder am 2. Mai.

1774
Herder veröffentlicht drei Schriften:
»Auch eine Philosophie der Geschichte zur Bildung der Menschheit«.
»Älteste Urkunde des Menschengeschlechts«, Band 1.
»An Prediger, funfzehn Provinzialblätter«.
Am 28. August: Geburt des ersten Sohnes Gottfried.

1775
Zweite Preisschrift: »Ursachen des gesunknen Geschmacks bei den verschiednen Völkern, da er geblühet«.

1776
Geburt des zweiten Sohnes August Wolfgang am 18. August; Goethe und Hamann werden Paten.
Mehrfache Berufungsverhandlungen an die Göttinger Universität scheitern endgültig, weil Herder die von Wieland und Goethe eingefädelte Benennung zum Generalsuperintendenten in Weimar annimmt.

Weimar (1776–1803)

1776
Ankunft der Familie in Weimar am 1. Oktober.

1778
Geburt von Wilhelm Herder am 12. Februar.
»Vom Erkennen und Empfinden der menschlichen Seele«. Preisschrift »Über die Wirkung der Dichtkunst auf die Sitten der Völker in alten und neuen Zeiten«. »Lieder der Liebe« (= Hohelied Salomos). »Volkslieder«.

1779
Geburt von Sohn Adelbert am 25. August.
»Das Buch von der Zukunft des Herrn, des Neuen Testaments Siegel« (= Johannesoffenbarung). Preisschrift »Über den Einfluß der schönen in den höheren Wissenschaften«. »Volkslieder«, 2. Teil. Schulreden und Gutachten zur Schulreform. Herder gewinnt den Eindruck, daß der Herzog Carl August und Goethe nicht viel von dem halten, wofür er zuständig ist: Kirche und Schule.

1780
Preisschrift »Vom Einfluß der Regierung auf die Wissenschaften und der Wissenschaft auf die Regierung«.

1781
»Briefe, das Studium der Theologie betreffend«. Tod Lessings am 15. Februar. Herder bittet Moses Mendelssohn, nun für Lessings Anliegen in Deutschland einzustehen.
Geburt von Tochter Luise am 23. April.

1782
»Vom Geist der Ebräischen Poesie«.

1783
Innige Beziehung zu Friederike Sophie Eleonore von Schardt, der Schwägerin von Charlotte von Stein. Geburt von Sohn Emil am 1. Juni.
Am 28. August gemeinsame Geburtstagsfeier von Gottfried Herder und Goethe. Caroline gelingt es, zwischen Herder und Goethe wieder eine herzliche Beziehung herzustellen. Goethe interessiert sich für Herders Schulreform, und vor allem führt sein neues Werk zu engem Austausch.

1784
»Ideen zur Philosophie der Geschichte der Menschheit«.

1785
Besuch vom Weltreisenden Georg Forster in Weimar, Schwiegersohn des Herder-Freundes Heyne, Professor in Göttingen. Die geschiedene Frau Forster, verheiratete Huber, wird Schwiegermutter des Herdersohnes Emil werden.

1786
Entwurf zum Lehrerseminar.

1787
»Ideen«. »Zerstreute Blätter«.
»Gott, einige Gespräche« (über Spinoza).
»Buchstaben- und Lesebuch«.
Geburt von Sohn Alfred am 11. Dezember.

1788
»Idee zum ersten patriotischen Institut für den Allgemein-

geist Deutschlands« (= Deutsche Akademie der Wissenschaften).

Tod von Sohn Alfred am 17. April. Tod von Hamann am 21. Juni.

Abreise nach Italien am 6. August, ermöglicht durch die Einladung des Trierer Domherrn Friedrich von Dalberg zur Mitreise und eines anonymen Geldgeschenks in Höhe eines halben Jahresgehalts. Rom und Neapel, in der Reisegesellschaft der Herzoginmutter Anna Amalia, lernt Herder am besten kennen; Freundschaft mit der Malerin Angelika Kauffmann.

1789

Erneutes Angebot von der Universität Göttingen. Caroline führt die Verhandlungen. Wegen der von Goethe vorgeschlagenen und vom Herzog zugesagten verbesserten Gehalts- und Arbeitsbedingungen sowie dem Versprechen, die Ausbildungskosten für die Kinder zu übernehmen, bleiben die Herders in Weimar.

Am 9. Juli trifft Herder wieder in Weimar ein.

1790

Geburt von Sohn Rinaldo am 21. August; die Taufpatin ist die Herzoginmutter.

1791

Wegen seiner positiven Bewertung der Französischen Revolution erlebt Herder viel Ablehnung in Weimar. Das Kapitel über die Regierungen im 4. Teil der »Ideen« muß er infolge Goethes Zensur-Beratung mehrfach umarbeiten.

1792

Goethe bricht zur »Campagne in Frankreich« auf und vertraut Christiane Vulpius und Sohn August der Fürsorge Carolines an.

Teure Badereise des Ehepaares Herder nach Aachen zur Wiederherstellung seiner Gesundheit, Beginn des Medizinstudiums von Sohn Gottfried.

1793
»Briefe zur Beförderung der Humanität«.

1794
»Über die theologische Fakultät in Jena«. Herder verteidigt in seinem amtlichen Schreiben an den Herzog die Dozenten gegen den Vorwurf der Verachtung von Religionswahrheiten; er sieht den größeren Schaden in der Gleichgültigkeit des Adels und der bürgerlichen Oberschichten gegenüber der Religion.

1795
»Vorrede zum Gesangbuch« des Herzogtums Weimar, in der Herder die Verbindung von alten Kirchenliedern mit den neueren begründet.
Beiträge zu Schillers »Horen«.
Caroline führt die Auseinandersetzung mit Goethe wegen der vom Herzog versprochenen Übernahme der Ausbildungskosten für die Söhne; tiefer Bruch in der Beziehung zu Goethe.

1796
Gedichte in Schillers »Musenalmanach« und Beitrag zu den »Horen«: »Iduna, oder der Apfel der Verjüngung« (= ob nicht in der Kunst statt der griechischen Mythologie die germanische zu verwenden wäre?). Besuche von Jean Paul und beginnende Freundschaft.

1798
Am 2. Mai Silberhochzeit unter »blühenden Bäumen«.
Luthers Katechismus, Schulbuch.

1799
»Metakritik« (Kritische Auseinandersetzung mit Kants Transzendentalphilosophie).

1800
»Kalligone« (gerichtet gegen Kants Ästhetik, die von der Autonomie ausgeht).

Kauf des Gutes Stachesried im bayerisch-böhmischen Grenzgebiet für den Sohn Adelbert mit großer Verschuldung. Um das Vorkaufsrecht der bayerischen Adligen zu unterlaufen, bittet Herder den bayerischen Kurfürsten um den erblichen Adel. In Weimar untersagt der Herzog die Titelführung im amtlichen Verkehr; Goethe findet schließlich einen Kompromiß.
»Adrastea«.

1802

»Cid«. Mit der Übertragung dieses spanischen Stoffes begründet Herder eine positive Bewertung Spaniens, auch als Projektionsfläche vieler Träumereien, nach der Verdammung wegen der Inquisition und der Gegenreformation.
Badereise nach Eger und ehrenvoller Empfang in Dresden.
»Admetus Haus« (Loblied der ehelichen Liebe, die für den anderen bereit ist, das Leben zu opfern).

1803

Im Herbst knüpft Caroline die Verbindung zu dem Verleger Cotta wegen der Herausgabe von Herders »Gesammelten Werken«. Der Schweizer Freund J. G. Müller hilft dabei in den nächsten Jahren.
Tod Herders am 18. Dezember.

Schneeberg – Jena – Freiberg – Weimar (1804–1809)

1804

Im Juli verläßt Caroline mit Tochter Luise und dem jüngsten Sohn Rinaldo Weimar. Der Klatsch um Augusts Spielschulden, die Herders Tod verursacht haben sollen, hat sie sehr verletzt. Sie ziehen zu August nach Schneeberg im Erzgebirge, gehen aber schon im Oktober 1804 nach Jena.

1805

Im Sommer zieht Caroline mit Luise nach Freiberg in Sachsen. August hat geheiratet und lebt nun dort.

Caroline sammelt Erinnerungen von Zeitgenossen über ihren Mann, um eine Biographie zu schreiben; innerhalb der »Gesammelten Werke« erscheint sie erst 1820.

1807
Anfang August ist Caroline mit Tochter Luise wieder in Weimar. Sohn Gottfried ist am 11. Mai 1806 gestorben, und die Plünderung Weimars durch die französischen Truppen im Oktober 1806 hat auch ihren Besitz betroffen. Die Versteigerung von Herders großer Bibliothek ergibt 4000 Taler, mit denen die Schulden der Söhne bezahlt werden. Sie regelt sorgfältig die kommende Erbschaft für die Kinder, besonders aus dem Gewinn der »Gesammelten Werke«.

1809
Am 15. September stirbt Caroline an »Gicht und Schlag«.

Stammtafel der Familie Herder

Gottfried
Mohrungen
~ 9. 5. 1706
† Mohrungen 26. 9. 1763
Bürger (4. 12. 1744), Glöckner und Mädchenschullehrer
∞ Mohrungen 20. 11. 1738 mit Anna Elisabeth Peltz

1. Maria Elisabeth
* Mohrungen 8. 9. 1739
† daselbst 24. 1. 1741

2. Anna Luise
* Mohrungen 1. 11. 1741
† daselbst 30. 1. 1767
∞ Mohrungen
26. 11. 1761
mit Christoph Neumann
Fleischhauer in
Mohrungen

3. Johann Gottfried
* Mohrungen 25.,
~ 28. 8. 1744
† Weimar 18. 12. 1803
herzogl. sachs.-weim.
Oberkonsistorial-
Präsident und
Generalsuperintendent
∞ Darmstadt
2. 5. 1773 mit Maria
Caroline Flachsland
* Reichenweier
28. 1. 1750,
† Weimar 15. 9. 1809

4. Catharina Dorothea
* Mohrungen 12. 7. 1748
□ Weimar 20. 10. 1793
∞ Mohrungen
9. 7. 1766 mit
Christoph Güldenhorn
Bürger und Loßbäcker
in Mohrungen

5. Carl Gottfried
* Mohrungen 7. 5. 1752
□ 20. 2. 1755

4. Karl Emil Adelbert
* Weimar 25. 8. 1779
† Regensburg 8. 7. 1857
Dr. phil.
Herr der Hofmark Stachesried

3. Wilhelm Ludwig Ernst
* Weimar 12. 2. 1778
† Heidelberg 8. 6. 1842
Kaufmann in St. Petersburg
∞ I. Hamburg 6. 5. 1802 mit Amalie Ellinger
* Gr. Rosenhof 5. 9. 1778
† Stachesried 23. 7. 1803
∞ II. St. Petersburg 15. 5. 1818 mit Marie Korn
* Hamburg 12. 12. 1798
† Rauenstein 6. 9. 1858

2. Sigismund August Wolfgang
* Bückeburg 18. 8. 1776
† Dresden 29. 1. 1838
□ Freiberg
Dr. phil., kgl. sächs. Oberberghauptmann auf Rauenstein
∞ Schneeberg 17. 7. 1805 mit Sophie Hänel
* Schneeberg 2. 2. 1781
† Freiberg 12. 2. 1848

1. Wilhelm Christian Gottfried
* Bückeburg 28. 8. 1774
† Weimar 11. 5. 1806
Dr. med., Hofmedikus
∞ Weimar 5. 6. 1797 mit Henriette Schmidt
* Weimar 15. 12. 1775
† daselbst 7. 5. 1837

8. Rinaldo Gottfried
* Weimar 21. 8. 1790
† Lohr 14. 7. 1841
kgl. bayr. Forstmeister
∞ Aschaffenburg 24. 2. 1813 mit Anna Maria Hoffmann
* Mainz 11. 11. 1788
† daselbst 26. 2. 1875

7. Karl Ferdinand Alfred
* Weimar 11. 12. 1787
† daselbst 17. 4. 1788

6. Emil Ernst Gottfried
* Weimar 1. 6. 1783
† Erlangen 26. 2. 1855
kgl. bayr. Regierungs- und Forstrat
∞ I. Günzburg 14. 10. 1813 mit Luise Huber
* Böle b. Neuchâtel 2. 1795
† Augsburg 29. 5. 1831
∞ München 10. 1816
∞ II. dieselbe, Stuttgart 1. 6. 1822

5. Luise Theodora Emilie
* Weimar 23. 4. 1781
† daselbst 12. 3. 1860
∞ Lauter 13. 10. 1809 mit Carl Wilhelm Constantin Stichling herzogl. sachs.-weim. Kammerrat

Literatur

Beutler, Ernst, Essays um Goethe, Zürich / München [7]1980

Damm, Sigrid, Cornelia Goethe, Frankfurt 1988

Dobbek, Wilhelm, Johann Gottfried Herder, Weimar 1950

Dobbek, Wilhelm, Caroline Herder, Weimar 1963

Düntzer, Heinrich und Herder, Ferdinand Gottfried von (Hg.), Aus Herders Nachlaß, Frankfurt 1857

Eissler, K. R., Goethe. Eine psychoanalytische Studie, München 1985

Geiger, Ludwig (Hg.), Frau Rat Goethe: Gesammelte Briefe, Leipzig o. J.

Goethe, Johann Wolfgang, Werke, Hamburger Ausgabe, Hamburg 1959

Gräf, Hans Gerhard (Hg.), Goethes Briefwechsel mit seiner Frau, Frankfurt 1989

Haym, Rudolf, Herder nach seinem Leben und seinen Werken dargestellt, 2 Bände, Berlin 1880–85. Neuausgabe Berlin 1954

Herder, Johann Gottfried, Werke, 10 Bände, Frankfurt 1985– ca. 1999

Herder, Johann Gottfried, Sämtliche Werke, 33 Bände, Berlin 1877–1913

Herder, Johann Gottfried, Briefe 1763–1803, Gesamtausgabe, Weimar 1977–1988

Herder, Johann Gottfried, Italienische Reise. Briefe und Tagebuchaufzeichnungen, Frankfurt 1988

Heyden-Rynsch, Verena von der, Europäische Salons, München 1992

Kantzenbach, Friedrich Wilhelm, Johann Gottfried Herder, Reinbek 1970

Kleßmann, Eckart, Christiane, Zürich 1992

Klopstock, Meta, Es sind wunderliche Dinger, meine Briefe. München 1980 u. 1988

Nobel, Alfons, Charlotte von Stein, München 1985

Reisiger, Hans, Johann Gottfried Herder, Berlin 1942

Sunnus, Siegfried (Hg.), Johann Gottfried Herder. Lesebuch, Frankfurt 1994

Vulpius, Wolfgang, Christiane, Weimar 1956

Bildnachweis:

Nationale Forschungs- und Gedenkstätten der klassischen deutschen Literatur in Weimar (Vorsatz, S. 8, 99, 103, 106, 118, 134, 137, 157, 193, 219)

Das Gleimhaus, Halberstadt (S. 34)

Um der besseren Lesbarkeit willen wurden die Briefzitate der heutigen Rechtschreibung weitgehend angeglichen.

Norgard Kohlhagen

Elsa Brändström

Die Frau, die man Engel nannte
Eine Biographie
200 Seiten. Mit Fotos.

»Zeig doch mal ein Bild von ihr, das Elsa zu einem
Menschen macht. Sie kann doch nicht nur eine
Heilige gewesen sein.« Diesem Wunsch aus der
kritischen jungen Generation hat Norgard
Kohlhagen mit ihrer engagierten Biographie
entsprochen. Sie hat lange Gespräche geführt mit
Menschen, die Elsa Brändström gekannt und erlebt
haben. Sie hat Berichte, Briefe, Tagebücher gesichtet
und sich bemüht, viele, auch gegensätzliche
Zeugnisse in ihr Porträt einzubeziehen.

Quell

Renate Wolff

Wohin kein Licht dringt

Roman
536 Seiten

Renate Wolff erzählt zeitlich parallel die
Lebensgeschichte zweier grundverschiedener Frauen,
deren Wege sich in schicksalhafter Weise kreuzen.
Beide sind im Berlin der zwanziger Jahre
aufgewachsen, Charlotte in einer jüdischen
Arztfamilie in Dahlem, Ella als Arbeiterkind im
Hinterhofmilieu. Im Schicksal dieser beiden Frauen
läßt die Autorin ein dramatisches Kapitel deutscher
Zeitgeschichte lebendig werden.

Quell